Erika Ruckdäschel
DIE EINEN UND DIE ANDEREN

Erika Ruckdäschel

Die einen und die anderen

Menschen in der Diakonie

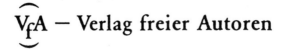 — Verlag freier Autoren

ORIGINALAUSGABE
VfA-Verlag freier Autoren
W-6400 Fulda

Alle Rechte bei der Autorin

Graphiken: Erika Albus,
Satz: Wolfgang G. Schulze, W-6400 Fulda
Druck: Boscolo & Königshofer
W-7500 Karlsruhe 21

ISBN 3-88611-095-8

Acht der nachfolgend abgedruckten Texte erschienen 1990/91 in der Süddeutschen Zeitung.

Die letzten drei Texte veröffentlichte das Sonntagsblatt für die Evang.-Luth. Kirche, München, 1991.

Vorwort

Nie hätte ich mir vor 15 Jahren träumen lassen, daß ich, die ich mit Literatur und Journalismus nichts zu tun habe, einmal ein Vorwort für die Texte von Erika Ruckdäschel verfassen würde. Sie kam damals besuchsweise zu uns, als Redakteurin einer Münchener Kirchenzeitung, und schrieb über unser Diakoniewerk und unsere Diakonissengemeinschaft. Dann kündigte sie ihre feste Anstellung dort, aber der Kontakt zu uns riß nicht ab, sondern wurde intensiv. Alles, woran wir mehr oder weniger gewöhnt waren, wurde für sie interessant; sie schrieb innerlich so beteiligt darüber, daß unsere Arbeit, auch durch ihre Rundfunksendungen, für viele nachvollziehbar und auch interessant wurde.

Später zog sie dann zu uns, aber nicht als Journalistin. Sie wollte dazugehören, und sie ging auf den Platz, auf dem wir sie dringend brauchten, als Sachbearbeiterin in meinem Vorzimmer. Ich bin darüber sehr froh. Den Journalismus freilich hat sie nicht aufgegeben, nur gehört er seitdem in ihre Freizeit. Daß sie auch da einiges bewältigt, zeigen die nachfolgenden Texte, die alle (und noch einige andere dazu) innerhalb von eineinhalb Jahren entstanden sind und größtenteils als Serie in der Süddeutschen Zeitung gedruckt wurden. Es kam zu Nachdrucken in anderen Bundesländern, ein Beitrag wurde sogar in fünf Sprachen übersetzt. Das zeigt, wie hier eine Thematik aufgegriffen wird, die Menschen in anderen europäischen Ländern ebenso betrifft. Aber es hat auch befremdete und befremdliche Reaktionen gegeben, denn diese Texte suchen die präzise Wahrheit. Sie sind liebevoll-kritisch. Weil ich davon überzeugt bin, daß die Diakonie genau diese Art engagierter Begleitung braucht, die ja hier nicht von irgendwem kommt, sondern von einer Frau, die sich der Diakonie mit Leib und

Seele "verschrieben" hat, hoffte ich sehr, daß diese Beiträge aus dem flüchtigen Zeitungsdruck hinübergenommen werden in ein Buch. Dies ist nun geschehen.

Die Leser werden leicht feststellen können: es geht um den Blick in einen Bereich, wo Menschen schwach und abhängig und uns anvertraut sind. Wenn da niemand mehr hinter die Fassaden schauen würde, geriete die Diakonie in Vergessenheit. Wir wären schlechte Haushalterinnen und Haushalter, wenn wir uns gegen diesen Blick sträuben würden.

An Erika Ruckdäschels Pinnwand im Büro steckt, zwischen Fahrplänen und Ansichtskarten, Urlaubslisten und Öffnungszeiten ein winziger Zettel mit einem Satz von Haldor Laxness: "Möge Gott mich bewahren vor Dingen, an die man sich gewöhnt." Dem möchte ich mich anschließen, indem ich den nachfolgenden Texten nachdenkliche und aufgeschlossene Leserinnen und Leser wünsche. Nach frommen Vokabeln würden sie vergeblich suchen. Die Verfasserin schreibt aus der Perspektive der "Mühseligen und Beladenen". Das können einmal die Betreuten sein, ein anderes Mal aber auch ihre Betreuer. So ist auch der Titel gemeint. Eine Anweisung zu dieser Perspektive, die Verpflichtung zu einer wirklich humanen Lebensanweisung, finden wir in der Bibel. So sind diese Texte durchaus fromm, wenn auch bewußt auf "Erbauliches" verzichtet wird. Sie sind wie schmucklose Holzschnitte. Aber aus den scheinbar leeren Vertiefungen, den scheinbar einfachen Sätzen bricht, nach genauem, ruhigem Hinschauen, Leben hervor: wie es ist, wie es sein könnte, und wie wir es uns ersehnen.

Neuendettelsau, Mutterhaus
im Juli 1991   Oberin Irmtraud Schrenk

HERR SIEGFRIED LIEBT DEN ZIRKUS UND DIE TIERE

"Darf ich einmal eine höfliche Frage stellen? Was machen eigentlich die Ameisen im Winter?" Herr Siegfried (Name geändert) schaut aus himmelblauen Augen derart wißbegierig-vertrauensvoll, daß nur selten jemand unfreundlich reagiert. Herr Siegfried gehört zum Ortsbild, fast wie die "Anstaltskirche" mit ihren zwei Türmen. Oder wie das Mutterhaus, in dem sich die Zentrale eines in Bayern weitverzweigten Diakoniewerkes befindet. Dort arbeitet er.

Schon in aller Frühe ist er unterwegs: Aus der Küche muß er das Frühstück mit dem Leiterwagen in ein Tagungsheim fahren, die frischen Semmeln hat er vorher besorgt. Dann holt er die Post. Unterwegs trifft er Bekannte, die ihm zurufen: "Was, hier biste schon, da bin ich aber spät dran." Manchmal hat er Glück: Jemand hat sich rechtzeitig auf den Weg gemacht und bleibt drei Sätze lang bei ihm stehen. "Warum hat denn heute nacht die Sirene geheult?" Er weiß es längst. Notfalls geht er bis zum Feuerwehrkommandanten persönlich. "Es war auf der Autobahn", sagt er dann, oder: "Brandstiftung! Die Scheune in W. Drei Kühe sind tot."

Sein Lieblingsthema: Fußball. Er hat alles im Fernsehen verfolgt, und hätte er dabeisein können, dann, so verrät seine Miene, wäre er die ganze Nacht nicht gewichen. Über Derartiges kann er nur mit der Küchenschwester reden. Auch wenn die an manchen Tagen samt ihren Köchinnen und "Lehrlingen" — hier heißen Auszubildende noch Lehrlinge — 100 oder gar 200 Gäste zu versorgen hat — das Fußballgeschehen wird kommentiert. Hier gehört Siegfried zum erlesenen kleinen Kreis der Eingeweihten. Er steht auf seiten der Sieger. Irgend jemand siegt immer.

"Was wohl ein Platz im Münchner Stadion kostet? Sicher doch so viel wie der Moskauer Staatszirkus?" Der war neulich in Nürnberg, und Herr Siegfried war dabei, für 30 DM. Sein Freund, Herr M., wollte ja erst nicht mit, aber dann hat er ihn überrumpelt. Herr M. kleidet sich gern ganz vornehm. Da hat Siegfried zu ihm gesagt, für den Moskauer Staatszirkus mußt du dich schon ganz besonders in Schale werfen, so fuhr er dann mit. Die Darbietung war sensationell. Herr Siegfried berichtet noch heute, nach Monaten, voller Begeisterung: Einfach großartig war das, alles auf dem Eis, sogar ein gitarrespielender Bär, und ein anderer Bär tanzte dazu!

Aber dann? Herr Siegfrieds Blick verdunkelt sich. Ängstlich und unruhig fragt er: "Können Sie mir sagen, wo die Frau hingekommen ist? Da hat einer in einem schwarzen Anzug ein Tuch geschwenkt, und dann war die Frau weg, einfach fort, verschwunden..." Er wird immer aufgeregter, muß beschwichtigt werden. "Vielleicht hat der Magier sie in einem Loch im Boden versteckt, damit sich das Publikum wundert?" Herr Siegfried zweifelt. Im Eis ein Loch? Offenbar verstehen es die anderen, die doch sonst immer so schlau sind, auch nicht. Rätselhafte Welt der Nicht-"Lernbehinderten".

Immer wieder muß er Angst aushalten. Von Anfang an war das so. Schon als Kind, vor 50 Jahren, in der Nähe von Breslau. Sein Vater, ein Bergmann, war streng. Wer von den vier Kindern ungefragt redete, "fing was". Dann war der Vater im Krieg und in der Gefangenschaft. Die Mutter mußte helfen, Schützengräben auszuheben. Sie trug Holzschuhe. Wenn sich das Klappern entfernte, fürchtete Siegfried, sie käme nie wieder. Flucht im letzten Lazarettzug. Tiefflieger. Blankes Entsetzen. Hunger. Eine Mutter, der die Nerven durchgingen. Endlich: Kinderheim in der Fränkischen Schweiz.

Die Kinder werden auseinandergerissen. Später heiratet die Mutter wieder.

Siegfried kommt in ein Heim für geistig Behinderte. Dort lernt er lesen. Das ist das Beste, was ihm seiner Meinung nach im Leben geschehen ist. Lesen! Schreiben lernt er nur schwer, Rechnen nie, Radfahren oder Schwimmen auch nie. In der Behindertenwerkstatt hat er Bürsten gemacht. Das war vor 40 Jahren eine schwere Zeit, denn der Werkstattleiter war ein "sehr böser Mann". Noch heute sagt Siegfried mit ernster Miene: "Der hatte einen Rohrstock." Was am Tag nicht geschafft wurde, mußte nach dem Essen nachgeholt werden. Niemand hat sich bei der Anstaltsleitung zu beschweren gewagt. "Es war eben so." Aber er war froh, als er wegen der Borsten eine Allergie bekam. Ab in die Gärtnerei. Dort war der "Kapo" — so wurde er genannt — zwar recht freundlich, aber die Gartenarbeit war nichts für Siegfried. Die Tiere — wie leben sie? Um ein Amselnest zu beobachten, vergißt er noch heute alles um sich herum. "Die Eltern sind weggeflogen, es ist aber zu kalt für die Eier, was kann ich da machen?"

Eines Tages kam aus der "Zentrale" eine Diakonisse und holte ihn aus dem Heim. Es war die damalige Küchenschwester des Mutterhauses, und zugewiesen wurde er der Pfortenschwester. Er, inzwischen mutterlos, hatte nun gleich mehrere "Mütter", die alle sein Bestes wollten und ihn erzogen und auf seine Kleidung achteten und ihm Manieren beibrachten. "In der Küche ist heut' dicke Luft", warnte er manchmal die Pfortenschwester. Dann wieder stürzte die Küchenschwester in die Pforte: Ob der "Bua" denn wirklich zu jedem Zug geschickt werden müßte, egal ob Gäste mit Koffern ankämen oder nicht? Manchmal hatte er 20 Koffer auf seinem Handwagen, "die wollten gezogen sein. Damals gab es noch keine Gummireifen für meinen Karren." Einmal geriet er in eine Polizeistreife, sein Rücklicht war nicht in Ordnung. Zwei Mark Strafe wollten sie von ihm, die hatte er nicht. Da hat dann am nächsten Tag die Pfortenschwester geguckt, als die Polizei seinetwegen anrückte. Wo er doch immer so gehorsam war. Diese Geschichte gefällt ihm noch heute sehr.

In der Pforte ist immer was los. Der eine will wissen, wann der Zug in Nürnberg ankommt, der andere will Briefmarken kaufen, und wann fängt denn die Kirche an, und wer wird denn heute beerdigt? Einschreibebriefe kommen, Tagungsgäste treffen ein. Siegfried hat mehrere Pfortenschwestern nacheinander erlebt, mit zweien hat er noch heute zu tun, obwohl sie längst im Ruhestand sind. Eine dritte verwaltet als amtlich bestellte Pflegerin sein Geld, kauft mit ihm Schuhe oder Hemden, im Sonderangebot.

Er wohnt in einem Altenheim, in einem kleinen Zimmer mit Dachluke: Im Sommer ist es sehr heiß. Nebenan wohnt sein Freund, dessen Vornamen kaum jemand kennt, Siegfried nennt ihn "Herr M.". Der ist ein rüstiger Rentner, der sich noch freiwillig täglich einige Stunden nützlich macht, als eine Art Hilfs-Hausmeister hochgeschätzt und dies genießend. In ihrer Freizeit spielen die beiden "Mensch ärgere dich nicht" oder lesen. Sie gehen spazieren oder ins Wirtshaus, besonders dann, wenn eine Kapelle spielt. Da stehen sie ganz nah bei den Musikern, mit leuchtenden Augen. Beide sind klein und rund, bekleidet mit einem "guten" Anzug und bedeckt von einem vornehmen, modisch zeitlosen Hut. Ist Tanz, fordert Herr Siegfried eine Dame nach der anderen auf. Die lassen nicht ungern ihre tanzunlustigen Ehemänner beim Bier sitzen. Herr M. hat da mehr Hemmungen als sein Freund: "Wenn mir eine einen Korb gibt, dann setze ich mich und muß erst drüber wegkommen. Aber der Siegfried geht sofort zur Nächsten."

Die letzte von Siegfrieds "Müttern", die Pfortenschwester Kathi, hat sich beim Wirt erkundigt. Der hat gesagt: "Schwester Kathi, die beiden benehmen sich tadellos, und ich wäre froh, wenn sich die anderen nur halbwegs so benehmen würden." Damit sind die "Normalen" gemeint. Ja, Siegfried ist gut erzogen, und wenn auch fast alle im Dorf ihn duzen, Frau Oberin sagt mit Fug und Recht "Herr Siegfried" zu ihm.

Druck kann Siegfried nicht vertragen. Verlangen zwei Mitarbeiter gleichzeitig von ihm eine Dienstleistung, gerät er aus der Fassung. "Immer eins nach dem anderen", schreit er dann. Mit einem guten Wort ist er jedoch schnell zu beruhigen. Manchmal bringt er größere Geldsummen auf die Bank. Noch nie hat ein Pfennig gefehlt. Um seine eigenen Finanzen ist es nicht gut bestellt. Nur weil er ab und zu etwas Trinkgeld bekommt und sparsam ist, denken viele, er schwimme im Geld. Wenn er bei Beerdigungen nicht als Kreuzträger fungieren würde, wäre er recht knapp bei Kasse.

Hat ein bestimmter Pfarrer, den er sehr schätzt, Geburtstag, geht er hin und singt ganz allein fünf Verse. Neulich hat dieser Mann ihn, mit Tränen in den Augen, vor allen Tagungsgästen umarmt. Und die Gäste waren still und gerührt. Die Diakonie stand plötzlich auf zwei Beinen vor ihnen, nicht als Institution, sondern als Mensch. Bei der Weihnachtsfeier im Mutterhaus wird Herr Siegfried als einer der wenigen Männer im Haus von der Oberin gleich nach dem Rektor begrüßt. Das hört er gern. Er singt dann besonders laut mit.

Alles Pastorale liegt ihm. Würdevoll schreitet er bei Beerdigungen, gekleidet in ein talarartiges Gewand, dem Pfarrer, dem Sarg und der Trauergemeinde voran — er kennt den Weg zum Grab, hat sich vorher beim Friedhofsgärtner genau erkundigt. Er fühlt sich verantwortlich. Das Kreuz trägt er kerzengerade. Aber neulich waren drei Beerdigungen hintereinander, da konnte er nicht mehr stehen wie bisher üblich. "Ich werde auch älter", hat er gesagt. Nun darf er während der Predigt in der Aussegnungshalle sitzen.

Siegfried hat eine Schwester, die ihn mehrmals im Jahr einlädt, auch Silvester, wo ihn das Feuerwerk begeistert. Aber im Urlaub muß er dahin, wo er Bürsten gemacht hat, zu den geistig Behinderten, die ihm entfremdet sind. 1000 DM Urlaubsgeld stehen seiner Pflegerin zur Verfügung für ihn, und in B. gibt es für ihn Urlaub zum Sonderpreis, und er kennt sich da ja am besten aus, heißt es. Bevor er abgeholt wird mit seinem Koffer, weint er manchmal. Er hat einen Bruder, der Leiter einer kirchlichen Einrichtung in Franken ist und Jugendliche erzieht, aber sich um Siegfried nicht kümmert. Die Pflegschaft mußte ihm vor langer Zeit entzogen werden. Einmal war er zu einer Tagung hier. Eine Diakonisse hat nach ihm geschickt: Ob er sich nicht mal mit seinem Bruder treffen möchte? Das hat der Mann, dem sicher dienstlich die Geschichte von Kain und Abel sehr geläufig über die Lippen kommt, zwar ein Glas Bier lang getan. Aber dann hat Siegfried nie wieder was von ihm und seiner Familie gehört. Da kräht kein Hahn.

Als Siegfrieds Mutter starb, hat ihn die Familie nicht verständigt. Aber der Stiefvater kümmerte sich um ihn. Als dann dieser Stiefvater starb, an dem Siegfried sehr hing und in dessen Schrebergarten er willkommen war, geschah dasselbe: Die Familie wollte ihn bei der Beerdigung nicht dabeihaben. Die Kränkung darüber dauert nun schon seit Jahren an.

Immer wieder bedankt er sich bei allen, die er halbwegs kennt und mag: "Entschuldigen Sie bitte, aber ich muß Ihnen das mal wieder sagen: Ich danke Ihnen für die gute Zusammenarbeit." Er beschämt die Tüchtigen. Wenn eine Frau, die öfter mal krank ist, ihre Arbeit wieder aufnimmt, sagt er nicht "Na, geht's wieder?", sonder nur: "Wenn Sie was Schweres zu tragen haben, brauchen Sie es mir bloß zu sagen." — "Ach, wenn ich den Herrn M. nicht hätte", sagt er manchmal an eiskalten Wintertagen, wenn er seinen Paketkarren zur Post fährt abends, allen Eiligen im Weg, besonders den hupenden Autos, die ihn zur Seite drängen. Im Herbst kehrt er unter einer riesigen Buche Laub zusammen. Kaum hat er einen Laubhaufen zum Abtransport fertig, kommt ein Windstoß: Da schimpft er laut vor Wut. Doch, wie Don Quichotte, gibt er nicht auf.

Vor Feiertagen schickt alle Welt Pakete an sonstwen. Zu jedem Paket gehört eine Paketkarte. Da soll man nicht nervös werden. Auch muß er eine Plane über dem Wagen befestigen, damit die Aufkleber nicht verwischen. Die Pakete sind verschieden hoch, die Plane ist unhandlich, er nicht gelenkig — und schon gerät er in Panik und beschimpft die Plane: "Hältst du nun still oder nicht?" Er stampft mit den Füßen, bis jemand kommt und ihm hilft.

Seit kurzem hat Herr M. einen neuen Begleiter, einen Spätaussiedler, der viel Zeit hat. Sofort hat sich jemand gefunden, der Siegfried darauf ansprach: "Er wird dir wohl untreu, dein Freund?" Da hat er geschluckt und sich sehr zusammengenommen und vollkommen ruhig gesagt: "Ich habe ihn gern und ich gönne es ihm. Außerdem ist es doch sein Recht."

* *
*

MÄDCHEN MIT EIGENER WELT

Endlich, endlich gibt die Welt wieder nach: sie ist zu zerfetzen, zu zerbröckeln, kleinzukriegen. Sie ist aus Styropor. Nichts anderes ist für Karin, nennen wie sie so, nachgiebiger. Die Menschen nicht, die Unordnung der Dinge nicht; das Chaos ist überall. Hat sie nicht eben erst in der Wohngruppe den Kamm genau im rechten Winkel zum Spiegel gelegt? Schon liegt er wieder anders. Der Deckel der Cremedose soll nicht irgendwie schließen, sondern genau so. Aber dann geschieht wieder etwas mit dem Deckel, was sie nicht leiden will, nicht tatenlos ertragen kann.

Da ist es im Keller des Heimes besser. Dort beginnt jetzt die Arbeit in der Fördergruppe. Diese Gruppe besteht aus zehn Schwerbehinderten, die dem Lärm, den vielen Menschen, dem Druck in einer Behindertenwerkstatt nicht gewachsen sind. Sie, Karin, ist schon in so einer Werkstatt gescheitert. Die Fördergruppe bewahrt sie vor der letzten Station, der Psychiatrie.

Die neun anderen im Keller sind Karin egal. Ob sie nähen oder Essenwagen abschmirgeln und neu bemalen, sie machen Krach. Karin hat sich im Keller einen Platz für sich allein gesucht, in einem Raum ohne natürliches Licht. Da stehen Weckgläser in Regalen, unbeweglich und stumm. So ist es richtig. Und wenn sie abends ihren Arbeitsplatz verläßt, widerwillig oft genug, dann bleibt er sauber, ohne auch nur einen einzigen Styroporkrümel, bis sie wiederkommt.

Mag sein, andere denken, in diesem Keller ist die Welt zu Ende. Ihre nicht. Ihre Welt ist hier, morgens wird sie erhellt durch zwei Leuchtstoffröhren. Das ist aufregend genug. Denn was sie in sich für Bilder sieht und verarbeiten muß, weiß niemand. Was ihr Gesicht spiegelt, reicht manchmal schon aus, um andere zu erschrecken oder zu erstaunen. Auf der Straße zum Beispiel, wenn sie zu dem Pferd Orkus geführt wird. Das Pferd gehört dem Heim, ist endlich wieder gesund (es hat nun einen orthopädischen Huf), und auf ihm, ohne Sattel, kann sie sitzen oder liegen; das Pferd wird an der Longe geführt. So entspannt sie sich.

Aber am liebsten: allein an ihrem Arbeitstisch dieses weiße, spröde und dann doch nachgiebige Material bezwingen, gib nach, verlang' nichts von mir, keine Verständigung, keine Verstandeswörter oder Signale. Sei fest und doch weich und leicht. Weiter, weiter. Das nächste große Stück. Ihr ist egal, daß Leute von weit und breit diesen Verpackungsabfall eigens hier für sie abgeben. Ihr ist gleichgültig, ob dieses Stück einmal zur Verpackung einer Waschmaschine oder eines Fernsehers diente. Es tut für sie auch nichts zur Sache, daß dieser für sie wunderbare Stoff zu 98% aus Luft und zu 2% aus Polystrol, einem reinen Kohlenwasserstoff, besteht, 100% recyclingsfähig, so etwas interessiert nur die anderen. Was an diesen Formteilen groß war, wird durch sie klein, nur durch sie, so und nicht anders.

Irgendwann hat hier jemand einen Liegesack genäht für das kleingerupfte Material aus Karins Händen. Der Sack wurde damit gefüllt, der Reißverschluß zugezogen, und Karin legte sich darauf. Noch immer gab das Material ihr mit Festigkeit nach, es erwärmte sich um sie herum. Seither ist das ihr Ausruhplatz im Keller. Wenn sie abends in ihrer Wohngruppe zu Bett geht, ist das ein Unterschied: Betten haben die anderen auch, man kann nur auf dem Rücken oder auf dem Bauch oder auf einer Seite darin liegen, nie richtig einsinken, nie sich hineingraben wie ein Maulwurf. Inzwischen hat sie so viel Styropor zersprengt und zerkleinert und zerrieben, daß es längst für andere Liegesäcke reicht, für schwerbehinderte Kinder. Bestellungen liegen vor. Das ist ihr auch egal, aber sie spürt Anerkennung, sie tut Nützliches.

Anerkennung ist schwer zu erhalten, wenn man bei den anderen Vorsichtsmaßnahmen oder Schreck hervorruft. Von Karin haben im Ort schon so manche gehört, ohne sie je gesehen zu haben. In Katrins Welt gehören nämlich keine Brillen. Auf offener Straße hat sie schon in einem einzigen unbewachten Moment so manche Brille erwischt. Schnell wie ein Blitz ist ihre Hand nach vorne geschnellt; bevor der Passant auch nur erschrecken konnte, hat sie die Brille zusammengedrückt, und die Gläser fielen heraus. Es ist ein Zwang und eine große Not, schneeweiß wird sie vorher im Gesicht. Nichts hat bisher gegen diesen Zwang geholfen, immer muß Schwester Susanne ihre Hand festhalten, da nützen keine Maßnahmen oder Strafpredigten. Neuerdings ist ein "Zivi" da, ein junger Mann, der lachend sagt: "Meine Brille ist mir ganz egal, ich habe noch eine andere, außerdem ist sie billig und versichert." Er hat nichts zu befürchten.

Karin ist 22 Jahre alt, sieht aber aus wie eine 14jährige. Sie ist "autistisch", das heißt, "nach innen gezogen", außerdem bekommt sie epileptische Anfälle. Aber das sind nur Wörter. Wörter sind ihr gleichgültig. Ob aber in einem Gespräch von ihr die Rede ist und wie, wütend oder liebevoll, das erfaßt sie. Schwester Susanne, die Gruppenleiterin, wundert sich immer wieder, wie sensibel Karin ist. Sie fühlt die Stimmungslagen der anderen. Ihre eigenen Stimmungen überfluten sie wie Gewitterregen. "Ich weinen", sagt sie und zeigt auf ihre Tränen. Oder: "Heute nicht singen." Dann muß sie am Tagesanfang oder Tagesende nicht in der Gruppe mitsingen. Plötzlich, wenn sie gut aufgelegt ist und ungestört einen großen Brocken Styropor bewältigt hat, singt sie ganz allein Liedfetzen, deren Töne und Worte stimmen. Schwester Susanne sagt: "Manchmal geht ein Fenster auf, und ich kann schnell etwas hineinreichen. Dann geht es wieder zu, und sie sitzt hinter einer bruchsicheren Glaswand."

Zu den Mahlzeiten wird sie aus ihrer Stille herausgeholt. Da sitzt sie in der engen Küche mit den anderen an zwei zusammengerückten Tischen, kein Durchkommen ist mehr, kein Entkommen. 14 andere warten, um in die Fördergruppe aufgenommen zu werden. Aber zehn sind schon so viele, und Karin braucht Platz, weil ihr eigentlich jede Nähe zu nah ist.

Schon als Baby hat sie geschrien, wenn ihre Mutter sie aufnehmen, aufheben wollte. Sie war das einzige, sehnlich erwartete Kind. Als die Mutter mit ihr zur Ärztin ging und sie im Wartezimmer wieder schrie, öffnete die Ärztin die Tür und sagte vor allen Patienten: "So ist das, wenn Mütter nicht mit ihren Kindern umgehen können..." Karin mußte ins Heim, weil ihre Eltern beim besten Willen nicht mit ihr leben konnten. Sie lieben ihre Tochter, besuchen sie oft, Karin zeigt dann auch Freude. Doch wenn die Eltern sie für kurze Zeit mitnehmen wollen, weigert sie sich, zu ihnen ins Auto zu steigen.

"Karin muß zu ihrem Glück manchmal gezwungen werden", sagt Schwester Susanne. Freitag kocht sich die gesamte Fördergruppe das Mittagessen selber und ißt es gemeinsam. Das soll die "Gruppengemeinschaftsfähigkeit" fördern. Karin weigert sich zunächst, mit in die Küche zu gehen. Aber Schwester Susanne, Hand in Hand mit ihr, hat da einen bestimmten Griff. Karin geht lieber mit. Wenige Minuten später macht sie sich in der Küche sehr gern zu schaffen, will kein Ende finden. "Holundersekt" herzustellen, macht Spaß. Blüten ins kalte Wasser, mit Zucker aufkochen, Zitronensäure hinein, eine lange Prozedur folgt, nach zehn Tagen in der Sonne werden die Gläser geschlossen. Durch hinzugefügte Reiskörner schmeckt und perlt der Saft wie Sekt. Die Fördergruppe, bisher mit selber hergestelltem Geschenkpapier auf dem Adventsbasar vertreten, wird heuer erstmals ihren "Sekt" anbieten. Fast alle aus der Gruppe werden stolz darauf sein, ob sie reden können oder nicht, laufen können oder nicht.

Erst nachdem Karin drei Jahre in der Gruppe war, zeigten sich erste Erfolge. Als sie zum ersten Mal ihren Kopf in Schwester Susannes Schoß legte, hat die geweint vor Glück, und alle anderen waren ganz still. Obwohl Karin widerwillig Pausen einlegt und ungern in der engen Küche bei den anderen sitzt, gerät sie dort nicht mehr in Wut, wirft keine Tassen mehr auf den Boden. Schwester Susanne, die Heilpädagogin, sieht ihre Arbeit in sehr kleinen Schritten bestätigt. Drei Jahre hat es gedauert, bis sich ein Mädchen in der Gruppe die Schürze selber zubinden konnte. Mit zweifarbiger Schnur wurde es immer wieder geübt. Nun kann sie es.

So etwas tröstet über die mangelnde Anerkennung von außen hinweg. Fördergruppen werden noch oft von den Behörden als überflüssig angesehen. Keinen Pfennig staatlichen Zuschuß gab es für diese Gruppe bis jetzt. Entweder Behindertenwerkstatt oder gar nichts. Dies hier aber ist: Beschäftigung mit Arbeitscharakter, nicht nur dem Nützlichen dienend; auch laufen, greifen, mit Material umgehen, spielen dürfen.

Sie zerkleinert auch Kartons für den Rohstoff-Container. Sie ist geschickt. Ohne je ein Messer oder eine Schere in die Hand zu bekommen, entfernt sie schnell und sicher die Metallklammern aus den Gemüsekartons. Ihr Kopf ist gesenkt. Wenn, sehr selten, ein fremder Mensch bei ihr sitzt, braucht er Geduld. Nur ruhig, ruhig, dann vielleicht hebt Karin langsam ihren Kopf. Die Augen glänzend in ihrer Schwärze. Wer lange hineinsieht, kann erleben, wie sich die Wirklichkeit verschiebt. Will sie sich auflösen? War sie nicht immer schon fragwürdig? Erinnerungsfetzen: längst vergessene merkwürdige Worte, Seele tauchen, Kelch der Lilie, und da war mal ein Karussell, 20 Runden gedreht bis zum Schwindligwerden, aber dann eine Stimme "in die Augen sehen" und einzig fester Punkt, so kann ja gar nichts passieren, soll sich doch alles immer weiterdrehen. Es ist so schön. Ein Sog, wohin, in eine fremde Welt. Und wer sagt denn, daß die bekannte Welt die einzig gültige ist? Karin spürt es. Sie lacht laut, senkt den Kopf, vergißt; zerreißt Kartons und manchmal auch das Starre in den Herzen der Besucher.

* *
*

EINE KINDERKRANKENSCHWESTER SPRICHT

Manchmal, wenn sie morgens um halb sechs ihre Umkleidekabine betritt, wundert sie sich. So viele Arten von weißen Schuhen. Sie stehen vor den Schränken. Schwester Erna bevorzugt die konservative Form, geschlossene Pantoletten.

Sie ist die dienstälteste Schwester in der Klinik, ihr macht so leicht keiner was vor. Aber das läßt sie sich nicht anmerken. Vor einem Jahr sind sie alle umgezogen, die gesamte Kinderklinik, vom abbruchreifen Altbau nebenan in diesen hellen Neubau. "Es hat eben alles Vor- und Nachteile", sagt sie öfter. In der alten Klinik war es eng, aber hier müssen die Schwestern viel weitere Strecken laufen, und auf den Fluren ist die Luft trocken. Gegen die modernen Flurtüren muß sie sich mit ihrem gesamten Körpergewicht stemmen, was allerdings nicht viel besagt. Sie ist ein "Leichtgewicht", bewegt sich "flott". Das ist eins ihrer Lieblingswörter.

Spätestens um sechs Uhr betritt sie ihre Station, neuerdings "Strand" genannt. Früher hieß sie einfach "sechs". Auf "Strand" hat sie das Sagen, seit sie nach langen Jahren Stationsschwester wurde. Über ihr gibt's nur noch die Oberschwester, auch Pflegedienstleitung genannt — im Gegensatz zur gängigen Meinung hat kein Arzt über sie zu bestimmen. Die Ärzte haben ihre eigene Leitung.

Dann ist da noch der Träger, das Diakoniewerk, 35 km entfernt, aber manchmal Lichtjahre weit weg. In den Schwierigkeiten und Tücken des Alltags ist man auf die Station angewiesen, das muß einfach klappen. Auch wenn die Station überfüllt ist. Auch wenn Eltern "verrückt spielen". Auch wenn ein Aids-Kind eingewiesen wird, das eine einzige Schwester für sich allein braucht, was sich auf den ganzen Dienstplan auswirken kann.

*****

Auch heute, an einem Samstag, wartet "die Nachtwache", eine müde aussehende junge Schwester, daß sie Schluß machen kann. Als alle Mitarbeiterinnen der Station eingetroffen sind — fünf Schwestern, zwei Schülerinnen, eine "Diakonische", alle sehr jung — findet im Stehen eine kurze Besprechung statt. Die Nachtwachenschwester berichtet über jedes einzelne Kind. 23 sind es zur Zeit. Die gesamte Klinik hat sechs Stationen mit insgesamt 140 Kindern, vom Säugling bis zum ungefähr 14jährigen.

Dann geht alles sehr schnell, jede ergreift eine Mappe, in der Anordnungen, Fieberkurven und Pflegeberichte enthalten sind, und geht zu "ihren Kindern". In dieser Klinik wird Zimmerpflege praktiziert. Das bedeutet, daß eine Schwester eine bestimmte Anzahl von Kindern vollständig zu versorgen hat: wecken, baden oder waschen, Bett machen, Essen servieren, die gesamte Behandlungspflege durchführen, alles dokumentieren, bei der Visite anwesend sein, den Bericht für die Stationsschwester schreiben. Zimmerpflege ist "patientenfreundlich", aber im Gegensatz zur Funktionspflege, wie sie in den meisten Erwachsenenkrankenhäusern üblich ist (eine Schwester mißt bei allen das Fieber, dann kommt die nächste zur nächsten Verrichtung), sehr arbeitsaufwendig. Die Eltern haben Anspruch auf Erklärungen. Den Schwestern bleibt zu wenig Zeit.

Schwester Erna beginnt, mit flotten Schritten, ihren Rundgang. Manche Kinder liegen in Einzelzimmern, die meisten zu dritt. Einige schlafen noch, die Puppe und das Pelztier neben sich.

Manche Kinder sind schon zum dritten oder vierten Mal hier. Sonja, zum Beispiel, schwer leberkrank, mit prall gefülltem Unterbauch. Da waren plötzlich, beim Fernsehen, diese Stiche, und seither kann Sonja nur noch im Stehen ihren Zustand aushalten. Sie kann weder liegen noch schlafen noch sitzen, ist sehr auf Zuwendung der Schwester angewiesen. Aber die haben ihr Pensum, es reicht nur zu Blicken oder kurzen aufmunternden Wörtern. Das nimmt die Schwestern mit, es ist gegen ihre Berufsauffassung; schließlich wollten sie für kranke Kinder da sein.

Wenn Schwester Erna dann abends heimkommt, ist sie "erst mal fertig". Auch mit 57 Jahren ist sie kein Gewohnheitstier geworden. Da ist Ute, schwer körperbehindert, elternlos, sonst in einem Heim, jetzt zur Diabetes-Neueinstellung hier. An Krücken schleppt sie sich immer wieder allein durch den langen Flur, ihr ist langweilig, weil niemand sie besucht. Im Bett nebenan liegt ein kleines Kind, kein Gesprächspartner. Da möchte Schwester Erna gern öfter mal mit ihr malen oder lesen. Aber sie hat keine Zeit. (Inzwischen ist ein Arzt auf die Station gekommen, der im Behandlungsraum Blut abnimmt. Neuzugänge müssen versorgt werden. Eltern kommen zu Besuch. Der Familienclan eines Gastarbeiterkindes strömt herbei.)

Eine Fernsehsendung, in der über schwerwiegende Mängel der Krankenversorgung besonders an den Wochenenden die Rede war, hat auch in dieser Klinik für Aufsehen gesorgt. Durch Unterbesetzung kam es zu Unterlassungen mit tödlichen Folgen. In dieser Klinik ist dergleichen nicht passiert.

Aber der Personalschlüssel ist in seiner Knappheit kaum mehr zu verantworten. Weil die Schwestern überlastet sind, kommt es zu keiner umfassenden Betreuung der Kinder. Schwester Ernas Freizeit ist kärglich: Abends kommt sie nie vor sieben Uhr heim, jedes zweite Wochenende hat sie Dienst. Mittwochs ist ihr freier

Tag. Da bringt sie die Wohnung und die Kleidung in Ordnung, geht zum Friseur und neuerdings auch zur Massage, eine Osteoporose macht sich recht schmerzhaft bemerkbar.

Nicht ungern erzählt sie von früher. Da gab es nur wenig moderne Geräte, alles war eng, aber man war noch Bezugsperson fürs Kind. Und der "alte Chef": unvergessen, ein Original. (Heute sind die Ärzte Kapazitäten.) "Fragt mich, ich weiß alles", hat er immer gesagt. Das bezweifelt Schwester Erna noch heute keine Sekunde. Von seiner Familie nebenan wußte er allerdings nicht alles. Tag und Nacht war er in der Klinik. Und als er sich einmal in eine Schwester verliebte, machte er daraus kein Hehl und lief rückwärts über den Hof, um ihren Anblick lange genießen und Kußhände werfen zu können, zur Freude aller.

Ja, damals hatte man noch "Leidenschaften". Heute hat man Affären. Aber so wird's wohl auch nicht mehr genannt? Beziehungskisten? Sie meint, sie kennt sich da nicht so aus. In ihrem Leben gab es so was nicht. "Wie denn auch? Als ich als Schülerin herkam, 1952, bekam ich 23,50 Mark im Monat, wovon gleich vom Träger 1,50 Mark für Spenden abgezogen wurde. Ich wohnte in einem Dreibettzimmer, in dem war nur Platz für einen Schrank, meiner stand draußen. Um 5.30 Uhr haben wir auf Station angefangen, jahrzehntelang, das ging bis abends halb neun, mit halbstündigen Pausen zu den Mahlzeiten. Es gab keinen freien Tag, nur sonntags von drei bis sechs alle 14 Tage frei. Ich weiß nicht, wie andere jemand kennengelernt haben, draußen. Die Oberschwester und die Unterrichtsschwestern waren streng. Da hat's gleich geheißen, wenn's dir nicht paßt, kannst du gehen. Aber ich wollte nicht zu meinen Eltern zurück, ich wollte unbedingt einen Beruf." So hat sie sich "angepaßt". Es muß wohl heißen: völlig untergeordnet.

Noch heute sagt sie kein Wort, wenn sie in der Kantine eine nicht durchgebratene Hühnerbrust erwischt, vor der sie sich ekelt. Einmal heimlich ins Kino, "Liebe unter der Mitternachtssonne". Vom Film nichts gehabt vor Angst. Über den Zaun. Nie wieder.

*****

Nun ist sie selber eine, "die was zu sagen hat". Einiges macht sie anders. Die Brötchen werden nicht schon am Vorabend für die Kinder gestrichen. Die Kinder werden nicht mitten in der Nacht gewaschen, damit sie zur Visite fertig sind. Aber manchmal sehnt sie sich eben doch nach der alten Zeit. Die Ärzte kamen und gingen, aber die Schwestern blieben, waren dadurch nicht austauschbar. Wurden von den Ärzten um Rat gefragt, weil sie ja die Kinder am besten kannten.

Freilich war es nicht schön, daß die Eltern früher ihr Kind nur einmal in der Woche besuchen durften, oft nur hinter Glas. Aber heute: Tag und Nacht ist Besuchszeit. Die Schwester ist nur noch die, die wehtut, mit der Spritze oder sonstwie. Gespielt wird mit den Eltern. Seit einigen Jahren können sie aus und ein gehen, wie es ihnen paßt. Viele schlafen auf einer Liege bei ihrem Kind. Schwester Erna bejaht das grundsätzlich. Aber die Behauptung, das Personal würde dadurch entlastet, ärgert sie. Viele Eltern verwechseln die Klinik mit einem Hotel, fragen, wo ihr Frühstück bleibt. Manche Väter breiten sich mit Bier und Zeitung auf dem einzigen Tisch im Krankenzimmer aus. Schwierig wird es, wenn von zwei kranken Kindern, die im selben Zimmer liegen, jeweils ein Vater und eine Mutter übernachten wollen. Das ergibt eifersüchtige oder mißtrauische Proteste der anderen Elternteile. Die Kinderschwestern weigern sich, bei all ihren Belastungen auch noch Aufpasser oder Bedienstete der Eltern zu sein.

Oft kann sich Schwester Erna nur wundern. Mein Kind ißt dies nicht und trinkt das nicht, heißt es da. Weichen derartige Mütter doch einmal vom Bett, stürzt sich das Kind mit Wonne auf alles Neue. Wie sollen Kinder erste eigene Kontakte schließen, wenn die Mutter stets da ist? Manchen Kindern hilft ihre Magersucht noch nicht mal hier — die Mutter wacht am Bett.

Nachmittags, mit neuen Kräften nach der Mittagspause, dokumentiert Schwester Erna für die Nachtwache und kontrolliert, ob alle Anordnungen bei den Kindern durchgeführt wurden. Schließlich müssen auch nachts bestimmte Behandlungen und Tests durchgeführt werden, "viermal täglich" heißt eben: genau alle sechs Stunden.

Draußen hupt der Notarztwagen. "Neue Kinder", meist Unfallopfer. Die meisten verunglücken im Haushalt, fallen über ungesicherte Treppen, verbrühen sich an einer heißen Flüssigkeit, verletzen sich an scharfen Möbelkanten. Giftige Substanzen werden nicht sorgfältig genug aufbewahrt. Beate hat eine verätzte Speiseröhre — sie naschte an einem Abflußreiniger. Und immer wieder werden mißhandelte oder mißbrauchte Kinder gebracht.

*****

Kinderschwestern lassen sich nicht mehr so leicht finden. Wo Schwestern ausgepreßt werden wie Zitronen oder der Beistand des Trägers nicht ausreicht bei erheblichen Ungerechtigkeiten, gibt es eine große Fluktuation. Ärzte sind inzwischen oft leichter zu finden als Schwestern.

Als Schwester Erna ihr Examen abgelegt hatte, verdiente sie 60 Mark, später 100. Noch als 30jährige wohnte sie in einem Zweibettzimmer der Klinik. Heute kann sie sich immerhin außerhalb der Klinik eine schöne Werkswohnung, gemeinsam mit einer Kollegin, leisten.

Höchster zeitlicher Luxus: Schallplatten hören. Ihre Sammlung, nur Klassisches, ist inzwischen beträchtlich. In zwei Jahren wird sie Rentnerin. So lange hält sie noch durch. Und so lange traut sie auch ihrer Klinik zu, durchzuhalten, denn der geht es schlecht. Bei den Versuchen zur Kostendämpfung wurden anscheinend die Krankenhäuser zu Prügelknaben. Wenn zugunsten der Beitragsstabilität keine kostendeckenden Pflegesätze mehr gezahlt werden, können die kirchlichen und freigemeinnützigen Krankenhäuser nicht überleben. Im Gegensatz zu den kommunalen Kliniken haben sie keine Möglichkeit, die entsprechenden Finanzlücken aus Steuermitteln zu decken. Wenn Wirtschaftlichkeit zur obersten Richtschnur in der Gesundheitspolitik wird, haben viele Kinder weniger Chancen.

Sparsamkeit, denkt Schwester Erna, tut sicher not. Aber an wem sparen? An den Kranken? Nein. Am Personal? Das wäre sicher der falsche Weg. Der Bettenschlüssel, 1969 errechnet, stimmt längst nicht mehr. Das Krankenhaus ist zum Akut-Krankenhaus geworden. Leicht Erkrankte kommen kaum mehr. Heute liegen in den Betten Kinder, die Stoffwechselstörungen, Mißbildungen, Leukämien, Hirntumore, Krampfleiden, Morbus Crohn haben – alles Krankheiten, die einen hohen personellen Aufwand erfordern.

Die Zeit für Zuwendung zum Kind wird so knapp kalkuliert wie für ein Werkstück. Warum, fragt sich Schwester Erna mit ihren Kolleginnen, ist das so? Wo doch sogar in der Bayerischen Verfassung steht: "Gesunde Kinder sind das köstlichste Gut des Volkes." Sie hat immer konservativ gewählt. Aber irgendwas, sie weiß nicht genau zu sagen was, schreit zum Himmel, wenn Kinderkliniken in unserem reichen Land in ihrer Existenz gefährdet sind. Sie pflegt Kinder, die durch Luftverschmutzung an ihren Asthmaanfällen oder an Bronchitis fast ersticken. Wie lange hält der kindliche Organismus die zunehmende Belastung, z.B. durch das Schwermetall Blei, noch aus? Warum schlagen nicht wenigstens die Eltern noch gesunder Kinder viel mehr Alarm, wo doch nun nachgewiesen ist, daß Blei die Lernleistungen beeinträchtig?.

Wenn sie auch diakonische Schwester ist und Gottvertrauen hat: Es quält sie, auf diese Fragen keine Antwort zu wissen. Sie pflegt und entläßt dann diese Kinder — in eine Umwelt, die ihre Pflege oft genug zunichte macht. Nur gut, daß man vor lauter Arbeit gar nicht richtig zum Nachdenken kommt. Das hat sie oft genug gehört. Das sagt sie nun auch. Gehorsam, Disziplin, Pünktlichkeit, Pflichterfüllung — das alles sitzt ihr in den Knochen. Aber vielleicht wäre etwas anderes inzwischen für die Zukunft der Kinder viel wichtiger?

Schön ist's nicht, hören zu müssen, daß der Träger Jahr um Jahr enorme Summen zuschießt und sich das nicht mehr lange leisten kann. Aber es ist die bittere Wahrheit. Sie hatte sich das Ende eines 40jährigen Arbeitslebens nicht so traurig vorgestellt.

Aber dann dreht sie noch "flott", trotz schmerzender Schultern, eine Runde, vorbei an den teuren Apparaten, den zu knapp kalkulierten Schwestern, die gegen Windmühlenflügel kämpfen.

* *
*

HENRY IST PFLEGER

Heute hat er sich in seinem Lieblingslokal eingefunden. Zu seiner jähen Freude kann er doch schon im Freien sitzen, in einem Vorgärtchen, das eigentlich nur aus ein paar grünen Bänken und Stühlen besteht. Sie pressen sich an die Fassade des Lokals, damit nur ja die Touristen jeden historischen Quadratmeter des Burgberges ungehindert besetzen können. Henry schaut hinüber zu Albrecht Dürers Haus.

Eigentlich ist heute sein freier Tag. Aber er hat sich dem Rettungsdienst zur Verfügung gestellt und mehrere Fahrten hinter sich. Der letzte Patient war ein Schlaganfall-Kranker. "Warum tut ihr denn nichts?" haben die Verwandten aufgeregt gefragt. Er durfte nichts spritzen, mußte auf den Notarzt warten. Der kommt in einem anderen Auto, — dies das "Rendezvous-System". Sie haben dann den Kranken in den Rettungswagen getragen, ein EKG gemacht, ihn in die Klinik gefahren.

Wer wohl Dürer aus dem Haus getragen hat, damals, vor über viereinhalb Jahrhunderten? Oder ist er in dem Haus da drüben gestorben? Wer könnte das wissen? Den Touristen wird es wohl egal sein. Wenn sie, nach dem Haus, noch sein Grab besuchen, ist das schon viel. Vielleicht kennen sie ja auch die Zeichnung, wo er mit dem Finger auf die schmerzende Stelle zeigt. Aber versuchen sie jemals sich vorzustellen, wie das wirklich war? Henry bezweifelt das stark.

Ohne den Rettungsdienst könnte er sich sein Leben gar nicht mehr vorstellen. Seit acht Jahren ist er dabei, hat seine Einsätze nicht gezählt. Schön blöd, sagen manchmal die anderen. Das sind meistens die, denen es nicht schnell genug gehen kann, wenn sie selber Hilfe brauchen. Da Henry nur nebenamtlich mitarbeitet, erhält er außer dem Essensgeld keinen Pfennig. Aber weil es zu wenig Helfer gibt, zählt jeder doppelt, die Gemeinschaft ist familiär.

Mit den eigenen Familienverhältnissen hatte er wenig Glück. Dann erzog ihn die Großmutter, schickte ihn in den Kindergottesdienst und eines Tages zu einer Freizeit in ein Diakoniewerk. Dort gefiel es ihm so gut, daß er in ein Internat zog und die Hauswirtschaft erlernte. Und weil er damals in dieser Ausbildung der einzige Junge war, strickte er mit, wenn die Mädchen abends strickten, war ein Wunder unter den anderen und eine Zierde der Heimleiterin, die es mit den Mädchen schwerer hatte. Seitdem ist er in diesem Ort zu Hause, überall bekannt, ein Kind der Diakonie; sie hat ihn hervorgebracht und seinen Eifer geweckt.

Später dann noch die Ausbildung in der Altenpflege, mit dem Auto Hausbesuche, Nachtwachen, nun ist er Pfleger in einem Großstadt-Altenheim. Auf seiner Station leben 32 Männer und Frauen, — eine Pflegestation mit angegliedertem "Rüstigenbereich".

Seine Fortbildung bezahlt er selber. So ist er vom Träger des Heimes nicht abhängig und fühlt sich frei genug, wechseln zu können. An Angeboten fehlt es nicht. Er kennt sich aus; kennt alle Tricks, das Abendessen auf der Station warmzuhalten, flüssig kann er über die Rehabilitation in der Geriatrie reden, über Pflegeplanung und Pflegedokumentation, Besonderheiten der Medikamentenversorgung, auch über den "ganzheitlichen Einsatz" in Theorie und Praxis. Er bleibt auf dem laufenden, reist zu Kongressen, sucht den Erfahrungsaustausch auch in anderen Städten: kein Wunder, daß sich bei so viel Lernbeflissenheit manchmal "Bildungsschatten" einstellen. Ihnen schreibt er dann Briefe. Besonders der Briefanfang ist von größter Wichtigkeit. Ein Zitat macht sich immer gut, aber von wem ist das, es geht ungefähr darum, daß das Schöne die Kehrseite des Guten sei, aber "Kehrseite" ist ja wirklich nicht schön, also wie denn nun?

Auf der Station kommt er mit seinen Kollegen besser zurecht als mit den Kolleginnen, anscheinend verbringt sein Charme während der Arbeitszeit keine Wunder. Auch necken sie ihn öfter; Verlaß ist nur auf die geduldige Güte der "festen" Freundin. Sie hat sich an seine karge Freizeit gewöhnt, wie an seine enorme Kontaktfähigkeit. Auch ältere Damen besucht er gelegentlich und überreicht mit einer Verbeugung eine augesucht schöne Rose. Er redet schnell und gewandt, dann flitzt er in seinem Kleinwagen wieder davon, stets gern bereit, leere Flaschen für den Container mitzunehmen oder einen Eimer garantiert umweltfreundliche Wandfarbe zu besorgen.

Ob im weißen Kittel in das Hin und Her des Rettungsdienstes verwickelt oder in das Auf und Ab seines Altenheimes: Henry, wieselflink, ist der Situation locker gewachsen. So leicht und schnell ist er, hüpft wie ein Gummiball herum, wie "Sporting-Life" in "Porgy and Bess". Aber wer erinnert sich schon noch an Sammy Davis jun. in dieser Rolle? Im Altenheim wohl niemand. Die Erinnerungen kreisen meist um dasselbe: Schrebergarten, Fußball, "große Kinder, große Sorgen", Krieg, Krankheiten.

Henry arbeitet meist in der Spätschicht, ab 12 Uhr mittags, holt das Mittagessen für die Station, bereitet die Medikamente vor, schreibt Arzneimittelbestellungen aus, telefoniert. Halb drei: Kaffee für alle. Dann Bettenabziehen, Abendessen, Augentropfen, Spritzen. Beim Ausziehen helfen. Streitigkeiten schlichten (Kartenspieler!). Mit denen reden, zu denen nie jemand kommt. Zwischendurch Vertreter, Angehörige. Dann übergibt Henry für die nächste Schicht und eilt davon.

Er ist 26 Jahre alt. Junge Menschen wie er sind die Hoffnung des gesamten sozialen Bereiches. Er kennt die Erwartungen und er weiß von der Lawine, die auf die Heime zurollt. Nach s e i n e n Erwartungen fragt kaum jemand. Manchmal ärgert ihn das. Kann man sich leisten, nichts zu wissen von denen, die man so dringend braucht? Wie sich Dürer doch über diese Stadt ärgern mußte! Die fälligen 200 Gulden haben sie ihm nicht ausgezahlt, obwohl doch der Kaiser sie extra für ihn angewiesen hatte. Na, auf Umwegen kam er doch noch ans Ziel. Hat sich nicht die Butter vom Brot nehmen lassen wie Henrys alte Menschen, die oft noch nicht mal genug Wäsche haben, wenn sie ins Heim kommen. Obwohl sie früher vermögend waren, bevor ihnen die eigenen Kinder alles wegnahmen — soll das Heim doch sehen, wie es mit der Situation zurechtkommt! Da kann Henry in Wut geraten, "wenn die Verwandten dann aufgetakelt daherkommen alle Jubeljahre, und nach dem Besuch sind die alten Leute fix und fertig, so werden sie traktiert." Bis auch die letzte Unterschrift gegeben, der letzte Pfennig herausgerückt wird. Da hat die Großmutter die gesamte Rente Jahr um Jahr ins neue Haus gesteckt und den Haushalt geführt, aber dann wurde sie krank und lästig. Ab ins Heim — und dort versteht sie dann die Welt nicht mehr. Manchmal tut Henry das Atmen weh, so bedrängt ihn der Anblick des Elends.

Für Dürer, denkt Henry, gab es immer beides: die Enge seiner Vaterstadt und die Weite der fränkischen Landschaft, mit Felsen und Weihern, Kiefern und Weiden. Für ihn, Henry, gibt es auch zweierlei: den Dienst als Pfleger und das "Ehrenamt", die Fahrten im Hellen und im Dunklen, mit und ohne zuckendem Blaulicht, in die Weite der Dörfer, in unbekannte Situationen. Er möchte in seiner Freizeit etwas tun, das spannend ist und gleichzeitig anderen hilft. — Er erschleicht sich nichts. Die Geschenkgelder kommen in eine Gemeinschaftskasse. Hauptsache, die Arbeit ist mehr als ein Job. Sie soll "menschengerecht" sein für alle Beteiligten.

Den Eltern seiner Freundin ist er als Altenpfleger zu gering. Da läßt er schon mal einfließen, daß er noch "seinen Unterrichtspfleger" machen wird. Er ist jetzt stellvertretender Stationsleiter. Aber jeder, der ein Auto reparieren kann oder hinter einem Computer sitzt, ist angesehener und besser bezahlt als jemand, der Menschen pflegt. Will das denn nicht in die Köpfe: Alter und Krankheit an sich sind nichts Furchterregendes. Aber es kommt eben darauf an, wie die veränderten Lebensbedingungen bewertet werden. Und wer mithilft, daß die Menschen auch als Alte und Kranke wahrgenommen werden, tut mehr als so mancher Spezialist in der Technik oder Werbung oder Verwaltung.

Henrys Lieblingsbild zeigt Albrecht Dürer als Zweiundzwanzigjährigen. Er trägt auf blondem Haar eine Zottelmütze, wendet sich nach rechts und hält eine Pflanze namens "Männertreu" in der Hand — das Zeichen für Brautwerber. Rosaviolette Schnüre halten sein Hemd zusammen. Henry schaut sich täglich an, was die Menschen seiner Station über dem Bett hängen haben. Verblaßte Familienphotos, Kalenderblätter. Noch nie ist er diesem Bild hier begegnet. — Hat denn niemand aufgeschrieben, wie Dürer starb? Kinder waren jedenfalls nicht dabei, er hatte keine. War er "ein guter Patient"? Wie klang seine Stimme? Hat ihm sein Christenglaube geholfen bis zuletzt?

Henry verliert sich in Gedanken wie ein alter Mann. Er ist nun ganz ruhig, das Quirlen im Kopf hat aufgehört. Er ist sorgfältig gekleidet. Niemand sieht ihm an, welchen Situationen er sich freiwillig aussetzt: in Häusern ohne Lift, wo er die Kranken fünf Stockwerke mit seinem Kollegen hinunterträgt, auf der Autobahn oder auch bei Selbstmördern, nachts.

Über die Diakonie hat er sich oft geärgert, ist an ihre Grenzen gestoßen, allerdings auch an seine eigenen (für die Arbeit in der Psychiatrie war er untauglich). Wenn an seinem früheren Arbeitsplatz gar so sparsam mit dem Material umgegangen, jedes Leinenläppchen ausgekocht und nochmal verwendet wurde, obwohl doch die Kasse neue bezahlt hätte, — das war nichts für ihn. Für Henry und die anderen "Jungen" kommen bald nur noch Häuser infrage, in denen die Arbeit gut organisiert ist, bei größter Eigenverantwortung der Mitarbeiter. Henry will Ideen einbringen können, sich selber, auch bei zu knappem Personalschlüssel. Die Diakonie wird lernen müssen, daß "Individualisierungstendenzen" (samt Moonlight-Strähnchen im Haar) nicht mit Egoismus verwechselt werden dürfen. Fleißiger als Henry kann man kaum sein. Aber er ist fleißig auf eine Weise, die ihm Entfaltung ermöglicht.

Loskommen von der Diakonie wird er bestimmt nicht. Nirgends hätte er die Abschiedsgespräche mit Sterbenden, den Umgang mit ihren Angehörigen so lernen können wie hier. Er will mit den Sterbenden ein Gebet sprechen und er will, daß bei s e i n e m Tod auch jemand mit ihm betet.

* *
*

ES IST SOVIEL IN IHNEN ANGELEGT

Manchmal hängt sie einen Zettel in die Küche: "Kuchen haben wir für heute und morgen schon genug." Viele Mütter backen extra für den Kindergarten eine Torte; auch Mütter, deren Kinder schon längst "Ehemalige", also Schulkinder sind. In dieser oberfränkischen Gegend, sagt sie, ist man mit der Kalorienzählerei nicht so verrückt.

50 Kinder um sie herum. Es können auch 60 sein. So genau will sie das jetzt gar nicht wissen. Nicht mehr als 25 Kinder pro Gruppe, so lauten die Bestimmungen. Zwei Gruppen hat sie. Aber was soll sie denn sagen, wenn ein Vater vor der Türe steht, der zur Arbeit muß, und seine Frau ist auf und davon, und niemand nimmt die Kinder? Oder wenn eine alleinstehende Mutter sagt, entweder wird mein Kind hier aufgenommen, oder es muß ins Heim. Dann nimmt sie das Kind auf, auch wenn die Tagesstätte längst voll belegt ist, auch wenn der Pfarrer schimpft.

Sie ist die Leiterin einer kirchlichen Kindertagesstätte. Die Kirche sagt doch immer, Kinder gehören zu ihren Müttern. Nur, die Leitbilder stimmen längst nicht mehr: 13% aller Familien sind "Ein-Eltern—Familien". Sie versteht ja ihren Pfarrer: Nicht grundlos fürchtet er Ärger mit den Behörden. Aber die Familien hier am Ort sind fast alle Arbeiterfamilien, mit Nachtschicht.

Ein Vater zum Beispiel kommt schon morgens um 6.15 Uhr, gleich nach Öffnung der Tagesstätte, geht wieder heim und schläft bis 11 Uhr, denn er hatte in der Porzellanfabrik Nachtschicht, dann fährt er das andere Kind in die Schule oder holt es von der Schule ab; die Mutter ist inzwischen in der Lederwarenfabrik. Abends kommt sie und kocht, da ist der Mann bereits wieder aus dem Haus. Abwaschen, Bügeln, am Wochenende wird geputzt. So vergeht das Leben.

10% sind Ausländerkinder. Ali kriegt alles mit und macht alles nach, redet aber weder hier noch daheim auch nur ein einziges Wort. Nur noch zwei Kinder aus der früheren DDR sind da. Die beiden singen begeistert besonders die frommen Lieder mit. "Die güldne Sonne" haben sie sofort gelernt. Was sie sich wohl bei der Zeile "heilen im Herzen die tödlichen Schmerzen" vorstellen? Sie, die Schwester, hat es selber spät erfahren, das Tödliche; vom Heilenden war sie schon im voraus überzeugt. Aber daß das Tödliche gar so bitter ist? In ihrem Wohnzimmer hängt ein Photo. Sie hat bis zuletzt für diesen kranken Mann getan, was sie trotz Kindergarten und trotz Diakonisse-Sein tun konnte. Leise Mahnungen. Nein, hat sie gesagt, ich gehe diesen Weg zu Ende. Ich stehe diesem Mann bei. Und wenn das dem Ruf meiner Schwesternschaft schaden kann, dann muß man mir das klar sagen. Aber dann hat niemand etwas gesagt, und dieser Mensch ist nicht verlassen gestorben.

Sie ist tragfähig. Wie sollte sie sonst auch ruhigen Gewissens diese Kinder erziehen? Selbstvertrauen fällt doch nicht einfach vom Himmel. Es muß Gründe geben, sich zu vertrauen und sich etwas zuzutrauen. Da muß doch ein großes Vertrauen hinter dem eigenen stehen und es abdecken. Das ganz große Vertrauen heißt Gottvertrauen. Das spüren die Kinder. Die Eltern fühlen es auch.

Nun ist sie schon seit 25 Jahren hier und bekannt wie ein bunter Hund. Es ist auch niemand vor ihren Hausbesuchen sicher. "Wer hier auf die Menschen nicht zugeht, ist erledigt." Ab und zu fährt sie 200 Kilometer weit in ihr Mutterhaus.

Hoffentlich läßt man sie noch lange hier. Eine Diakonisse untersteht ja dem "Sendungsprinzip", das heißt, sie läßt sich von ihrem Mutterhaus dorthin senden, wo sie gebraucht wird. Und hier wird sie gebraucht, so wie sie ist. Als sie den D-Zug verpaßt hat, ist der Lokführer rückwärts wieder in den Bahnhof gefahren, entgegen allen Vorschriften, "weil Sie so schöne Elternabende machen!".

Manchmal schaut ein Kind vor sich hin und weiß trotz des "Vorschulunterrichtes", trotz der spannenden Verkehrsspiele und trotz der beliebten "logischen Blökke" samt der jederzeit zugänglichen Bilderbücher nichts mit sich anzufangen. Dann wird ihm nicht gleich etwas in die Hand gedrückt. Die drei Erwachsenen lassen dem Kind Zeit, bis es von selber weiß, was es machen will. Diese Phase ist für die Erzieherinnen schwer auszuhalten. Aber dann hat das Kind plötzlich eigene Ideen, kommt mit seiner Zeiteinteilung zurecht und findet zu sich selbst.

Manche Eltern fahren am Sonntag Hunderte von Kilometern, wegen der Abwechslung; und dann erleben sie, wie sich das Kind von einer einfachen Holzbank nicht trennen kann. Es turnt darauf herum, es wippt auf der Lehne, und die Erwachsenen sagen: "So eine blöde Bank hätten wir daheim auch gefunden." Wenn sie ihre Kinder sich doch nur in Ruhe entwickeln ließen. "Es ist soviel in ihnen angelegt", sagt die Schwester.

Neulich hat ein Kind ein buntgemustertes Kopftuch mitgebracht. Es breitete es auf dem Boden aus, ein zweites Kind setzte sich dazu, eine halbe Stunde betrachteten sie das Tuch und unterhielten sich darüber ungestört. Da war ihr die eigene Kindheit ganz nahe. Dreimal täglich Schläge von der Mutter, weil sie ihr Kleid zerriß oder schmutzig machte. Und doch, immer wieder, dieses überschwemmende Glücksgefühl beim Vater in der Werkstatt, wo das Holz nach Harz und Wald roch und wo Milliarden goldgelber Staubteilchen als geheimnisvolle Inseln in der Luft schwebten.

*   *
 *

EINER MUß JA DA SEIN

Schon vor einem Jahr hat sie ihre Mitarbeiter um Hilfe gebeten. Sie hat sich aber nicht ernstgenommen gefühlt. Lange Jahre war ja auch alles gutgegangen: Sie war anerkannt, eine Heimleiterin voller Schwung, zum Lachen fähig und bereit. Das Haus, früher ein "Rettungshaus" voller "Zöglinge", ist ein anerkannt gutes heilpädagogisches Heim geworden. Sie hat das familienähnliche Wohngruppensystem eingeführt, Zuschüsse lockergemacht, das Haus sinnvoll umgebaut. Zu den 40 Kindern, alle aus zerrütteten Familien, konnte sie langjährige Beziehungen aufbauen.

Dann wurde der Wechsel immer häufiger. Beziehungen anknüpfen, abbrechen, immer wieder, immer schneller. Ohne Schutzschicht hat sie sich gefühlt und schwindlig. Aber organisch, hat der Arzt gesagt, sei alles in Ordnung. Außerdem war da Kathrin, ihr "Bezugskind". Alle Mitarbeiter haben akzeptiert, daß sie ihr Herz an dieses Kind gehängt hat wie an kein anderes. Nie vergißt sie den Tag vor sechs Jahren, als Kathrin gebracht wurde. Die Mutter hatte sie aus einer Pflegefamilie entführt und war mit ihr von einem Campingplatz zum anderen gereist, polizeilich lange vergeblich gesucht. Kathrin war von ihrer Mutter und deren Freund mißhandelt und darum der Pflegefamilie anvertraut worden.

Endlich war nun die Vierjährige in Sicherheit. Sie schrie fast ununterbrochen, niemand durfte sie anfassen. Dann hat sich Kathrin unter allen Mitarbeitern ausgerechnet sie ausgesucht. Sie klebte an ihr. Auf dem Schoß zu sitzen, genügte nicht, es mußte derselbe Stuhl, derselbe Sessel sein. Sogar in ihrem Bett hat sie Kathrin vorgefunden, es war so viel nachzuholen.

Mit allen Kindern zum Zeltlager an die Nordsee zu fahren, war damals für sie keine schwere Anstrengung. Im Bus auf der Rückfahrt hat Kathrin gesagt: "Ich will immer bei euch bleiben." Dieser Moment hat sich ihr für immer eingebrannt. Sie sieht noch heute die kahle Stelle auf Kathrins Hinterkopf vor sich. Kinder, die viel liegen müssen, bekommen solche Flaumhaarstellen.

Vor einiger Zeit ist aber die Mutter wieder aufgetaucht, kam zu Besuch ins Heim, brachte fremde Leute mit und schrie: "Die hat mir mein Kind weggenommen!" Kathrin hat gesagt, das hält sie nicht mehr lange aus, am liebsten würde sie aus dem Fenster springen. Da hat sie sich innerlich zurückgezogen. Dem Kind sollten weitere Zerreißproben erspart bleiben. Und es haben ja auch so viele gesagt, schließlich sei Kathrin nicht ihr Kind. Aber es hat wehgetan, loszulassen. Und wenn die Mutter wieder "durchdreht", was dann? Geht dann alles wieder von vorne los? Sie will nie wieder ein Kind so dicht an sich heranlassen.

Bis vor kurzem hat sie noch Wut empfinden können. Wut auf die Mütter oder Väter, die ihr Kind einsperren und alleinlassen, manchmal auch durch Schläge in Lebensgefahr bringen. Meistens behalten die Eltern alle Rechte. Sie unterschreiben, daß sie freiwillig bereit sind, ihr Kind ins Heim zu geben. Wenn sie es zurückhaben wollen, muß das Kind mit.

S i e steht dann da, das Schreien und Weinen des Kindes ist wie eine Mauer, an der sie abprallt. Wenn es hart auf hart kommt, entzieht das Amt den Eltern das Aufenthaltsbestimmungsrecht. Aber was muß da erst alles passieren. Das Amt kann nicht anders handeln. So sind die Gesetze. Sie denkt, die Gesetze wären schon recht, wenn nur auch die Eltern recht wären. Erst neulich hat eine Mutter auf diese Weise ihre zwei Kinder geholt, nach jahrelanger Einzelförderung und Sprachbehandlung im Heim. Beide Kinder riefen dann an, wollten zurück. Vergeblich. Gestern nun das Jugendamt: Ob die Kinder zurück könnten, es sei alles wieder kaputt. Aber nun sind die Plätze längst besetzt, die Kinder müssen woanders hin.

Plötzlich war dann alle Wut weg, und sie konnte nicht mehr aufhören zu weinen. Der Arzt hat Beruhigungsmittel verschrieben. Ist das nun das Ende ihrer Arbeit in diesem Haus, oder nur ein Wendepunkt? Jeder fühlt sich mal ausgebrannt, noch dazu in einer Leitungsfunktion, die Jüngste ist man mit 51 Jahren nicht mehr –, alles klar. Aber gleichzeitig weiß sie: Das ist es nicht. Manche raten ihr, mehr zu beten. Wie hat sie sich nach Menschen gesehnt. Aber statt der Liebe ist die Angst gekommen.

Sogar am Wochenende, wenn die Mitarbeiter bei ihren Familien sind, ist sie meistens hier. Einer muß ja da sein. Doch warum glauben alle, das müsse ganz selbstverständlich s i e sein? Sie hatte Sehnsucht nach ein paar Stunden, in denen es mal um sie selber gegangen wäre. Die Kinder werden in ihren Angstzuständen herumgetragen. Wer aber trägt sie? Sie will nicht bitter werden.

Manchmal also kommt ein Kind nach Monaten wieder zurück, verstört, zurückgeworfen um Jahre. Die Sinnlosigkeit. Erstickungsangst. Nur weg von hier, wo die Lebensenergie von wer weiß wem abgesaugt wird. Von wem eigentlich? Warum ist das Haus seit Jahr und Tag überbelegt? Warum kommen die Kinder in zunehmendem Maß immer geschädigter hier an? Ein Drittel von ihnen ist noch keine sechs Jahre alt. Erst heute wieder ein Anruf vom Amt. Innerhalb einer Stunde war dann ein verwahrlostes Mädchen da. Sie klärt, was zu klären ist. Sie legt fest, in welche Gruppe das Kind aufgenommen wird. Es muß sofort zur Ärztin. Früher hat sie noch viel Wärme in sich gespürt. Nun aber "funktioniert" sie.

Verroht die Welt eigentlich immer mehr? Wohin mit der Angst? Vielleicht ist die Welt krank, und keiner merkt es, und sie selber ist kerngesund? Sie soll zur Kur. Das ist sicher besser, als in der Freizeit im Sessel zu hocken und Gedanken zu denken, die sich zerfasern. Sie möchte mal eine Zeitlang nicht immer dieselben Sätze sagen müssen: "Wir nehmen Ihnen das Kind nicht weg. Wir wollen keine Konkurrenz sein. Wir wollen nur Hilfestellung geben." Sie möchte mal eine Zeitlang nicht gegen Vorurteile ankämpfen müssen. Das schlechteste Zuhause ist eben n i c h t besser als das beste Heim. Wer so redet, hat nie gesehen, was sie sah.

Die Mitarbeiter sagen, sie sei urlaubsreif. Aber es steht wohl schlimmer mit ihr. Wenn sie Streit mit rabiaten Eltern hat, im Fall von Hausfriedensbruch, ruft gelegentlich jemand die Polizei. Sie will das den Kindern zwar ersparen, aber manchmal geht es nicht anders. Wenn sie das blaugeschüttelte Licht auf den Autos sieht, wünscht sie sich neuerdings, winzig klein und gut abgeschirmt in solchem Glas zu sitzen. Die Welt sähe dann anders aus und wäre vielleicht erträglicher. Erträglicher die Beschimpfungen der Eltern, erträglicher die Vorwürfe von anderer Seite, solche Heime seien zu teuer. Sie hat es so satt, immer wieder erklären zu müssen: Was hier durch liebevolle Erziehung aufgefangen wird, bleibt später der "Gesellschaft" als Belastung erspart. Sehr viele Kinder konnten durch dieses Heim selbständig werden und später ein eigenes Leben führen. Zu berechnen ist das nicht.

Sie wird zur Kur fahren. Vielleicht stellt sich neue Kraft ein. "Ganzheitlich" sagen sie heute, wenn Seele, Geist und Körper gemeint sind. Vielleicht kann sie unter Schutt und Asche hervorkriechen, den Schmerz wieder zulassen, die Ausweglosigkeit aushalten. Aber sie weiß nicht, wie sie wieder festen Boden gewinnen kann; wie sie wieder glauben kann: "Wer trägt, der wird getragen."

*   *
*

ALTERSHEIM: ZEIT OHNE ZEIT

Wenn sie nur wüßte, wie das Lied, oder war es ein Gedicht, anfing? Frau Koch (wir nennen sie so), die neben ihr auf der Bank sitzt, weiß es auch nicht. Jedenfalls kommt da die Stelle vor: "Ach, wer da mitreisen könnte in der prächtigen Sommernacht." So ähnlich. Sie ist darauf gekommen, weil sie eben zu Frau Koch gesagt hat, sie möchte mit dem Omnibus, der gleich ankommt, keinesfalls mitreisen. Hier ist die Haltestelle.

Über der grünen Bank breitet eine Eibe zuverlässig dicht ihre Äste aus. Das Rot ihrer Beeren kann sich nicht mehr steigern. Im Sommer sitzt sie hier fast täglich und wartet auf den Bus, weil andere, die wirklich mitfahren wollen, auch warten. Aber der Sommer ist bald wieder vorbei. Und von den prächtigen Sommernächten haben sie beide nichts mehr, sie kennt auch niemanden im Altenheim, der noch etwas davon hätte. Dabei ist der Garten so schön, mit Goldfischteich. Genaugenommen kann sie sich an keine einzige prächtige Sommernacht ihres Lebens erinnern. — "Wie geht's, Frau Berger?" (nennen wir sie so), sagen Vorübergehende, viel mehr weiß aber selten jemand zu fragen.

Christoph kommt vorbei. Auf seinem Wägelchen türmen sich leere Obstkisten, die er von allen Lebensmittelgeschäften des Ortes in sein Wohnheim karrt. Christoph ist geistig behindert, aber pfiffig. "Heute habe ich Geburtstag", sagt er, wie so oft. Da gratuliert sie ihm natürlich. Andere spendieren ihm auch mal eine Mark. Das kommt bei ihr aber nicht in Frage. Die Rente reicht fürs Heim, da sind 1560 Mark gleich weg und viel bleibt nicht übrig. Auf dem Weg hierher waren die frischen süßen Weintrauben im Schaufenster wieder eine Versuchung. Widerstehen ist schwer, auch mit 78 Jahren, auch bei Kleinigkeiten. Christoph will sich durch Blumengeschenke beliebt machen. Aber Vorsicht. Die stammen meist vom Friedhof. Na, sie nimmt nichts von ihm. Obwohl sie ihm manchmal heimlich recht gibt: Was haben die Toten von den Blumen? Auf ihrem Grab werden mal nicht viele Blumen zu sehen sein. Frau Koch hat noch mehr und jüngere Verwandte als sie, da sieht die Sache anders aus.

Wenn Christoph auf seine Armbanduhr zeigt und fragt: "Wie spät ist es denn?", antwortet sie ihm gern. Er fragt das jeden Tag sehr viele Leute, so kommt er in Kontakt. Auch beim Laubrechen auf dem Friedhof: "Wie spät ist es denn?" Ja, wer das immer so genau wüßte.

Ein Posthorn kam vor in dem Gedicht. Wenn jetzt der Bus kommt, hupt er in der Kurve. Fremde werden aussteigen und nach dem Weg fragen, zum Beispiel zum Krankenhaus. Sie zeigt dann in die entsprechende Richtung, etwas vage wohl. Ihre Sehkraft hat stark nachgelassen. Seither kommt es ihr vor, als ob ihre Bewegungen langsamer und unbestimmter geworden sind. Das sagt ihr ja niemand. Sie hat nun auch den Stock. Man gewöhnt sich wirklich an alles. Frau Koch hat auch einen Stock. Aber der ist weiß. – Mit ihr geht sie immer per Arm. Es ist schön, neben ihr zu sitzen, besonders hier unter der Eibe, nahe den anderen. Aber auch abends, auf dem Sofa, wenn die Stille so groß ist. Frau Koch ist sanft. Sie strahlt vor Sanftmut, obwohl sie doch einen Wecker braucht, der mit menschlicher Stimme die Stunden ansagt, besonders nachts.

Warum eigentlich so selten jemand nach dem Altenheim fragt, in dem sie leben? Freilich, die meisten kommen mit dem Auto. Auch die, die einmal im Monat kommen, am Tag der Rentenauszahlung. – Sie ist damals auch mit dem Auto hergefahren worden. Am

23. März 1978. Dieses Datum betont sie zuweilen; wer ist schon so lange da wie sie?

Wie nur das Gedicht anfing. "Das Herz mir im Leibe entbrennte..." So kann sie das von sich selber nicht sagen. Ihre Mutter, die war anders, liebte das Leben mit Überschwang. "Diesen Kuß der ganzen Welt", hat sie noch auf dem Sterbebett gesagt. In ein Heim hat sie ihre Mutter nicht gebracht. Obwohl sie doch fast täglich in den Kindergarten mußte, 34 Jahre lang hat sie ihn geleitet. Ihre Mutter wurde älter, als sie jetzt selber ist. – Wenn sie nur in ihren Gedanken klar bleibt. Daß einem ein Gedichtanfang oder ein Name nicht einfällt, passiert auch schon in jüngeren Jahren. Ihr Kirchengesangbuch weiß sie jedenfalls zu 85 bis 90% auswendig! Die anderen im Heim zeigen sich nicht gerade dankbar, wenn sie ihrer Zitierfreude freien Lauf läßt. Auch sonst ist sie wohl nicht beliebt, da macht sie sich nichts vor. Sie sagt, was sie denkt. Aber der eine sieht die Dinge so, der andere anders. Jedenfalls ist sie kein braves Lamm. Aber ein Grauer Panther ist sie auch nicht. Nur gut, sagt sie zu Frau Koch, daß sie nie unter Hemmungen gelitten hat. So kommt sie eben auch ungefragt zu Wort. Sonst müßte sie ja ewig warten, bis mal jemand ihre Meinung wissen will.

Nun ist der mächtig große Bus angekommen. Die alten Menschen haben es schwer, auszusteigen, weil die Stufen tief hinuntergehen. Die Jungen, meistens Schüler hier, springen mit einem einzigen Satz heraus. Sie war hier auch im Internat, mit 250 anderen, vor 68 Jahren kam sie her. Ihrem Vater ist das Schulgeld ja schwergefallen, bei zehn Kindern. Aber es sollte unbedingt eine bekannte christliche Schule sein. Frau Koch meint auch, daß damals die Weichen für ihr ganzes Leben gestellt wurden. Eins zog das andere nach sich.

Eine ältere Frau winkt dem Omnibus nach. Wahrscheinlich fährt ihr Mann zum Arzt in die Kreisstadt. Ihr haben damals die Kinder im Kindergarten auch nachgewinkt, und die Eltern haben ihr Märzenbecher zum Abschied geschenkt. Dann kam sie hier an. Immer wieder erzählt sie Frau Koch von dem großen Moment, als ihre Begleiterin mit dem Volkswagen wieder wegfuhr und sie ganz bewußt allein über die Schwelle des Heimes ging. "Schwimm, das ist dein Zuhause", hat sie sich gesagt.

Im Büro wurde sie von der Hausmutter gleich beim Ausfüllen der Papiere gefragt, welche Verwandten im Todesfall zu benachrichtigen wären und welchen Leichenspruch sie sich ausgesucht hätte. Es ist ihr sofort einer eingefallen, aber wie man sieht, hätte es damit nicht so geeilt. − Gewundert hat sie sich über nichts. Sie kannte sich ja aus. Die ersten 14 Jahre wohnte sie unterm Dach, in einem 11-Quadratmeter-Zimmer, das sie "Mein Hasenställchen" nannte. Im ersten Stock wohnten viele Pfarrerswitwen. Sie waren freundlich zu ihr, aber sie bildeten eine Klasse für sich.

An Frau Koch war damals nicht zu denken. Sie ist erst vor vier Jahren gekommen. Und auch da nicht, weil sie 80 Jahre alt war, sondern weil sie ihren Haushalt nicht mehr schaffte, der Augen wegen. Daß sie katholisch ist, spielt im evangelischen Heim keine Rolle. Pater Rupert Mayer, auf einem Bild in Frau Kochs Zimmer zu sehen, wird auch von anderen geschätzt. Frau Koch war früher Modistin und hat den Damen die Hüte ins Heim geliefert. Komisch, daß sie sich da nie gesehen haben? Frau Koch findet das recht erklärlich. Wo doch Lotte Berger für Mode und "Firlefanz" wenig Sinn hat. "Auf meinen Schädel paßt eben kein Hut", sagt Lotte, wobei ihre Stimme eine tragische Färbung annimmt. Nicht der Hüte wegen, sondern weil sie Frau Koch schon viel früher hier gebraucht hätte. Die Heimleiterin hat völlig recht, wenn sie sagt: "Seit Frau Koch hier ist, ist unsere

Frau Berger ein anderer Mensch." Das macht die große Sanftmut. Es ist noch kein böses Wort zwischen ihnen gefallen, obwohl sie doch jeden Nachmittag und Abend zusammen sind. Kann schon sein, daß früher an ihrem Tisch im Speisesaal der größte Wechsel war. Wen hatte sie denn schon, der auf sie einging? Auch jetzt will Frau Koch gleich über ihren Hut-ungeeigneten Schädel hinwegtrösten: "Inzwischen tragen die Damen seltener Hüte, weil die teuren Dauerwellen nicht zerdrückt werden sollen.." Lotte Berger brummt etwas vor sich hin, das weltversöhnt klingt.

Eichendorff. Kamen nicht Wanderburschen vor, oder Märchen? "Sie sangen von Marmorbildern, von Gärten, die überm Gestein in dämmernden Lauben verwildern, Palästen im Mondenschein..." Da soll man kein Fernweh bekommen. Sie ist selten gereist, jetzt ist es zu spät. Ein paar Mal war sie in Wien, weil das die Geburtsstadt der Mutter war. Und da hat sie dann auch einen Sack voll Erde geholt, für das Grab. Diese Geschichte hört Frau Koch immer wieder sehr gern, und sie erzählt ihr jetzt gleich erneut, wie der Zöllner sie im Zug des Schmuggelns verdächtigte und in ein "Separee" führte. Er fand aber in der Erde nichts Verbotenes und bat sie dann, bei der Wiedereinfüllung (der Erde) behilflich zu sein. Da hatte er sich aber schwer verrechnet, der Pietätlose. Keinen Finger hat sie gerührt.

Mit Schwester Herta, der Stationsschwester, ist sie sehr zufrieden. Die läßt ihr vormittags ihre Ruhe, kontrolliert auch nicht, ob und wann sie ihr Bett gemacht hat. Ruhe braucht sie am Vormittag nämlich unbedingt, da schreibt sie lange Briefe. Der Augenarzt hat sie verärgert durch die Frage, ob sie "sich denn noch genüge"? Was soll denn das heißen? Sie hat ihre Lupe und kommt zurecht. "Das Auge ist schwach, aber der Kopf ist noch stark", hat er dann auch eingeräumt. Na also! Nur daß sie jetzt nicht auf den Gedichtanfang kommt.

Sie kann niemand danach fragen. Die Heimleiterin ist tüchtig, kann gut organisieren und bereitet auch genügend der beliebten Feste vor. Aber sie ist überlastet. Von den "Arbeitenden" hat niemand Zeit. Daß dies nicht an den Menschen, sondern am beschämend knapp bemessenen "Personalschlüssel" liegt, weiß sie. Und daß Mitte der neunziger Jahre der Personalmangel katastrophal sein wird, weiß sie auch. Manchmal kommt ihr vor, als würde Altwerden bestraft. Wenn sie im Fernsehen sieht, wie die Großstadt-Senioren aufmüpfig werden und auf Plakate schreiben "Wir haben für Euren Wohlstand geschuftet, wo bleibt die Gegenleistung?", schaltet sie den Fernseher lieber ab. Neulich wollte sie den zuständigen Seelsorger sprechen, bekam aber nur einen Termin in drei Wochen. Nur gut, daß sie Frau Koch hat. Ihr kann sie alles sagen. Am unerfreulichsten ist: Man hat doch sein Können, seine Qualitäten, sein Gewisses — das kommt in den Heimen kaum zum Zug." Frau Koch nickt zu diesen Sätzen, aber sie lächelt nicht. "Dem Leben mehr Jahre und den Jahren mehr Leben geben", darum müßte es gehen.

Jetzt hat sie's. Den Anfang! "Es schienen so golden die Sterne, am Fenster ich einsam stand..." Aus ihrem Fenster sieht sie einen Weg und eine Wiese. Der Weg ist ihr wichtig. Auf ihm kommen Menschen vorbei, und einige kommen zu ihr und haben ein bißchen Zeit. Die "goldenen Sterne" kann sie nicht mehr sehen. Aber einsam ist sie nicht, so lange sie Frau Koch hat. Gut, daß sie unter dem gleichen Dach bleiben können, wenn sie einmal auf die Pflegestation müssen. Bis jetzt hat Lotte Berger keine Angst davor: "Ich habe mir einen Katalog gemacht, wofür ich dankbar bin und was schön war. Außerdem kann ich vielleicht noch eine Anzeige ins Gemeindeblatt setzen lassen, wenn es soweit ist: Besucht mich, ich lebe noch!"

* *
*

FREIHEIT IN DEM JAMMERTAL

Ein grünes Stoffkrokodil schwebt im Zimmer, wenn er aufwacht in einem Vierbettzimmer, gleich links neben der Türe. Es fletscht die Zähne und ängstigt hier niemanden, ganz im Gegenteil. Vor dem Frühstück wird Berti gefragt, ob er Kaba oder Milch trinken will. Antworten kann er nicht. Keines der acht Kinder in dieser Wohngruppe kann sprechen. Trotzdem sind alle Vorlieben und Abneigungen bekannt. Wer hier arbeitet, spricht wie mit anderen Kindern auch, – die ganze Welt spricht, und auf diese Welt sollen sie vorbereitet werden, so gut das eben geht.

Zwar werden sie wohl ihr Leben lang ihren Anteil an der Welt nur wortlos äußern. Trotzdem hätten sie ihr etwas zu sagen. Doch meistens scheint es, als ob die Welt ihnen gegenüber verstummt und weghört. Oder etwas redet, das nicht zu verstehen besser ist.

Hier ja nicht. Berti hat sich in den Schutzmantel des Heimes verkrochen. Dazu ist es auch da, das "Heilerziehungsheim". In den Augen der anderen draußen ist Berti unheilbar. Oder sollte Heilung doch etwas anderes sein als allgemein angenommen? Wie, wenn das Heil Liebe ist?

Berti kann reagieren, zum Beispiel auf Stimmen. Früher hat er sich oft die Hand aufs Ohr gepreßt, wenn er Angst hatte. Das ist vorbei. Aber empfindlich ist sein Gehör immer noch. Sein Wohlbefinden hat viel mit dem Klang von Worten zu tun. Wahrscheinlich ist auch das "i" in seinem Vornamen wichtig.

Es ist früher Nachmittag. Schwester Elisabeth, die Heilpädagogin, holt ihn aus seiner Gruppe. Bereitwillig geht er mit, denn mit ihr ist der Weg frei in einen wunderbaren Raum. Hört er schon die Trommel, die er gleich schlagen darf? Hört er schon das Lied? Nur raus aus dem Haus, die schiefe Ebene hinunter, die ist für die Rollstuhlfahrer, aber er kann laufen. Er gewinnt an Tempo, darf allein losrennen, im Hof und Garten kann ihm nichts passieren. Die Schwester folgt, den Blick wohlgefällig auf sein frischgewaschenes Haar, den rotgrünen Pullover und die Jeanshose gerichtet. Bisher war Berti ein kleiner, dicker, lustiger Knirps, jetzt streckt er sich.

Wie weit und unübersehbar plötzlich hier draußen alles ist, nach dem engen Wohnzimmer mit den anderen, wo man vorsichtig laufen muß. Dort liegt Hans gern auf dem Fußboden, Joachim sitzt in der Schaukel, Klaus im Rollstuhl, schief, weil er anders gar nicht sitzen kann. Und da riecht es ganz anders als hier im Freien. Er rennt, die für einen Zwölfjährigen sehr großen Füße weit auseinander, will links einbiegen: Da hat er doch vor einem Jahr mal, in einem anderen Haus des Heimes, gewohnt? Da ist Schwester Eva. Die Erinnerung ist noch da. Aber er soll rechts einbiegen. Auch gut.

Da ist die Kapelle. Er läuft allein zur Tür und drückt auf die Klinke. Geht nicht. So schwer seine geistige Behinderung auch ist: Er weiß, daß er da drinnen seinen festen Platz hat, da ist manchmal Wärme und Kerzenlicht, und diese starken, schwingenden Töne hüllen ihn ein. Und wenn er da jetzt nicht hinein kann, dann schaut er eben wenigstens durchs Schlüsselloch.

Weiter. Da ist das Spielzimmer, der Raum, in dem jetzt nur er für Schwester Elisabeth eine Rolle spielen wird. "Bitte nicht stören" steht an der Türe, was ihm freilich nichts bedeutet. Er kann ohnehin nicht lesen. Aber entscheiden kann er, was er jetzt zuerst tun will. Das große Puppentheater ist ihm egal, die Stofftiere auch, und in der roten Plastiktonne will er sich schon gar nicht verstecken.

Er will zur großen Trommel, immer steht sie da und wartet auf ihn, größer als er selber ist sie und läßt sich doch alles von ihm gefallen und antwortet verständlicher als mit Menschenwörtern. Behutsam schlägt er, durchaus rhythmisch, mit sehr zarten, feinen Händen. Die Schwester nimmt eine kleine Handtrommel, die ist nach mindestens dreißig Jahren ganz durchgeschlagen. Aber sie gibt doch noch ihren Ton, der anders ist als die Töne aus Bertis Trommel. Ein Dialog wird versucht. Wer paßt sich wem an? Das soll wechseln. Bertis Mund, bisher offen und stumm, verändert sich, Berti stößt Laute des Wohlbehagens aus. Seine Augen, hinter der Brille, leuchten.

Nun kommt das Schwierige, ein Turm aus flachen Holzbausteinen soll entstehen. "Gibst du mir den nächsten Stein?" Berti reicht ihn zögernd und mit einer Hand, eigentlich möchte er ihn ja nur an den Mund drücken und belecken, aber die Stimme läßt ihn nicht in Ruhe. Sie kann durchaus energisch sein, sie läßt nicht locker, "nimm die andere Hand, Berti, leg's her, feste! Nimm beide Hände." Endlich, endlich faßt Berti mit beiden Händen zu. Eine Wolke des Lobs regnet auf ihn herab. Berti ist der Held der Stunde, Spitze war das, toll, ganz große Klasse. Diese Wörter mag Schwester Elisabeth eigentlich nicht, aber es sind gängige Wörter, er wird sie wiederhören und soll sie wiedererkennen.

Bertis Gesicht glüht vor Freude. Aber schon wird's wieder schwierig, der Turm hat ein Fenster ergeben, durch das nun ein Gesicht lachend zu ihm hinschaut. Jedes halbjährige Kind würde jetzt reagieren, aber Berti ist unbeeindruckt. Als die Schwester ihre Hand hindurchreicht, legt er seine nicht von allein hinein. Es wird noch einige Zeit dauern, bis er das tut. Aber der blaue verschlossene Topf, ha, dem ist er gewachsen, da nimmt er ganz ohne weiteres den Deckel ab, holt den Inhalt heraus, eine Rassel, die er ans Ohr halten und schütteln kann. Ganz große Spitze ist das, Superspitze! Das übt er auch in der Sonderschule.

Die hat ihm sogar ein Zeugnis ausgestellt, richtig mit Siegel und zwei Unterschriften, es ist amtlich: "Berthold hat den Klassenwechsel sehr gut verkraftet, er ist ein lieber Junge. Er hat einen starken eigenen Willen, den er oft durchzusetzen versucht. Das Unterrichtsgeschehen beobachtet er sehr interessiert und genau. Zu gezieltem aktiven Tun läßt er sich aber ungern motivieren. Am besten gelingt das in der Einzelförderung. Im Schwimmbad ist Berthold glücklich. Er läuft selbständig hin, hilft beim Ausziehen und stürzt dann mit seinen Schwimmflügeln ins Wasser. Berthold hat gelernt, einfache Anweisungen wie 'setz dich' oder 'stell die Tasse hin' zu befolgen."

Schwester Elisabeths Erziehungsschritte in der Einzelförderung sind winzig und werden genau festgehalten. Seit 37 Jahren ist sie hier im Heim und kennt alle 200 Bewohner, die Erwachsenen, die Jugendlichen und die Kinder. Die Älteste, die zu ihr kommt, ist 56, der Jüngste neun Jahre alt.

Berti, vom Turmbau ermüdet, darf nun rittlings auf die große Lederrolle; Schwester Elisabeth setzt sich hinter ihn, auch wenn alles "dahinter" verpönt ist, wegen der "Übermächtigkeit". Berti jedoch kann sich so am besten entspannen. Er läßt sich nach hinten fallen, und da sitzt kein dünner, knochiger Mensch, sondern eine breite, weiche, warme Gestalt, in deren Arme er sich fest hineindrückt. Nun kann die Reise losgehen. Mal nach links und mal nach rechts dreht sich die Rolle: "Ich fahr, ich fahr mit der Post..." Manchmal lacht er genau an der Stelle, wo die Post ihre besondere Eigenart offenbart, es handelt sich nämlich um die "Schneckenpost, die keinen Pfennig kost'..." Das kann jemandem, der die

Probleme des Heimes kennt, das ewige Sparen-müssen, die Raumnot, die Verschleppung der Altbausanierung (weil die staatlichen Zuschüsse anderweitig gebraucht werden), schamrot werden lassen.

Aber dann lacht Berti auch bei den weniger "witzigen" Stellen des Liedes, er genießt den Gleichklang von Gesang und Bewegung, er, der so viel Belastendes nicht weiß. Gesund geboren von einer minderjährigen Mutter, aufgewachsen zunächst bei ihr und der Oma, der Vater lange schon auf und davon. In den ersten drei Lebensmonaten die hirnorganische Schädigung. Zwei Jahre blieb er bei den beiden Frauen, dann brachten sie ihn in ein Kinderheim. Im Einschulungsalter kam er hierher. Mutter und Großmutter besuchen ihn öfter, er freut sich, aber sein Zuhause ist längst hier.

Bald ist er bei den "Jubilaren"; ab fünf Jahren im Heim geht's los, mit einer Andacht in der Kapelle, einem Büffet wie bei den gesunden Erwachsenen, die für irgend etwas ausgezeichnet werden. Immer wieder sehen die Behinderten das im Fernsehen, und nun hat das Heim so etwas für seine Bewohner auch eingeführt. Es gibt "Medaillen", besondere Geschenke und eine Diaschau "von früher"; vor allem gibt es eine "schöne weiche süße Torte". Was den Großen, Starken in der Welt recht ist, das darf hier billig sein.

Eine andere Attraktion des Heimes ist das "Musik-Wasserbett". Berti ist nicht davon erbaut, aber die anderen sind ganz versessen darauf. Auch ich darf mich auf dieses Bett legen, bei Rotlicht und einer Musik, die sich unter meinem Rücken mit dem Schwappen und Schaukeln des Wassers zu vermischen scheint. Besonders die Bässe, mit den meisten Schwingungen, übertragen ihre Vibration. Hier ist gut sein. Eine Art Baldachin, aus Fallschirmseide, ist schützend über dem Bett angebracht. Behinderte, die reden können, erzählen hier alles, was sie beschäftigt. Und die ganz Hilflosen, die gar nichts können, aber fühlen, werden hier mit Öl eingerieben und gestreichelt und bekommen so ihren lebensnotwendigen Hautkontakt. Berti sitzt lieber, wie jetzt, auf der Rolle, fest an der Brust von Schwester Elisabeth. Sie singt ein Volkslied, er versucht mitzusingen. Es ist ein Liebeslied: "...bin ich auch weit von dir, bin doch im Schlaf bei dir..." Berti zeigt jauchzend sämtliche seiner kleinen weißen Zähne. "...weil ich dir vieltausendmal mein Herz geschenkt..." Das hat diese Schwester wirklich, diesen Kindern, und am Ende des Liedes bleiben beide ein Weilchen ruhig sitzen, ganz still, ganz eins.

Wie wird es weitergehen mit Berti? Ab 20 Fördergruppe oder Behindertenwerkstatt? Auf jeden Fall bleibt er noch lange im Heim. Noch lange wird nach dem kleinsten Ansatz zur Selbständigkeit gespäht. Wenn er jetzt den Deckel des blauen Topfes abheben kann, dann kann er auch etwas anderes abheben. Schwester Elisabeth will jetzt erreichen, daß er sich anleiten läßt, kontinuierlich zwei- oder dreierlei nacheinander zu tun, ohne daß er sich von ihr lange darum bitten läßt. Ohne Beharrlichkeit geht da allerdings gar nichts. Berti würde am liebsten in der Förderstunde nur trommeln. Das läßt sie nicht zu. Er soll sich wohlfühlen, aber auch etwas lernen.

An manchen Tagen sind alle Kinder, die zu ihr kommen, schlechter Laune. Ihre Wetterabhängigkeit ist groß. Manche Stunden mißlingen. "Hat das Kind nicht gewollt oder nicht gekonnt, oder lag es an mir?" Mit Berti ist es dann einfach, sie flüstert ihm etwas ins Ohr oder motiviert ihn durch Musik. Aber andere, weniger die geistig Behinderten als die massiv Verhaltensgestörten, beißen auch mal kräftig zu oder kneifen. Die Blessuren unter ihrem Diakonissenkleid nimmt sie nicht weiter wichtig. Aber sie ist 60 Jahre alt und kann diese Arbeit nicht mehr lange machen. "Ich weiß nicht, wie tief das alles geht, was ich mit den Kindern versuche. Aber ich tu's, weil ich sie liebhab', und die jungen Mitarbeiter, die nachkommen, haben die Kinder auch lieb, das beruhigt."

Als ich das Heim verlasse, wundere ich mich, wie nahe die normalen Häuser mit ganz normalen Büros sind, nichts hat sich inzwischen verändert. Die Autos fahren, ein Mann kehrt mit einem Reisigbesen die Straße, eine Frau trägt im Einkaufsnetz ein Brot. Nichts deutet darauf hin, daß hier keine zehn Meter weit soeben ein Kind die glücklichste Stunde seines Tages erlebt hat und ein winziges Stück weitergekommen ist: Es kann mit beiden Händen etwas weiterreichen, und ein anderer Mensch nimmt es von ihm an.

* *
 *

NÄHER AM LEBEN KANN MAN NICHT SEIN

Das Gedicht von W. H. Auden zu Brueghels berühmtem Gemälde "Der Sturz des Ikarus" ist ihr bekannt:

"Über das Leiden täuschten
sie sich nie, die alten Meister:
wie gut verstanden sie
seinen menschlichen Standort:
wie es sich ereignet ...
in Brueghels Ikarus zum Beispiel:
wie gemächlich sich doch alles
von der Katastrophe abwendet,
der Pflüger hat vielleicht
das Spritzen gehört,
den verlorenen Schrei.
Aber für ihn
war es kein bedeutender Schrei ..."

Sie fühlt sich nie wie Ikarus, der zur Sonne fliegen wollte und dabei abstürzte. Aber "wie gemächlich sich alles von der Katastrophe abwendet", das kennt sie, das erleidet sie.

Und für ihre Verhältnisse ist sie auch ein gutes Stück weit geflogen, vom Flüchtlingsmädchen, vaterlos und ohne Geld, zur Pflegedienstleitung (Oberschwester) einer 350-Betten-Großstadtklinik. Sie hat nun, zuständig für 250 im Pflegedienst arbeitende Mitarbeiter und Mitarbeiterinnen, einen Posten, um den sich niemand reißen würde. Die Erwartungen der Patienten, die Auflagen der Behörden, die Gesetze des Staates, die Pflichten gegenüber dem Träger der Klinik: In diesem Fadenkreuz der Anforderungen lebt sie, muß planen, ermutigen, werben, erklären, fordern.

In die ärztlichen Maßnahmen darf sie nicht hineinreden. Wenn aber die Ärzte in den Pflegebereich eingreifen wollen, der ihr untersteht, muß sie diesen Bereich verteidigen. Sie muß auch immer wieder neue Schwestern suchen, für die anderen, die sich "verheizt" fühlen. Die Klinik soll so ausgelastet sein wie nur möglich, um das Defizit zu drosseln. Aber wie soll die Arbeit verantwortlich durchgeführt werden bei zu wenig Pflegepersonal? Und wer hält den Kopf hin, wenn etwas in ihrem Bereich passiert?

Sie liebt ihre Klinik. Und doch erscheint sie ihr mehr denn je als Moloch, der mitsamt seiner Apparatemedizin das Pflegepersonal auffrißt. Wie eine Kassandra hat sie Jahr um Jahr gewarnt vor dem Abgleiten in eine Fließbandpflege. Aber es ist ihr vom Staat, von der Sozialpolitik keine Hilfe gekommen. Dafür sind die Migräneanfälle gekommen, eine Herzgeschichte, der Arzt hat ihr Betablocker verordnet.

"Wie gemächlich sich doch alles von der Katastrophe abwendet..." Hört keiner den Schrei? Soll sie eine Station schließen lassen zugunsten des Personals? Der Träger rechnet aus, was die leeren Betten der Klinik kosten würden. Das Defizit ist ohnehin schon groß.

Auch ihr leicht überschaubarer Freundeskreis ist für derartige Diskussionen nicht gerade aufgeschlossen. Sie bemerkt durchaus die Blicke, wenn sie sonntags beim Kaffeetrinken "schon wieder mit der Klinik anfängt". Sie will aber das Thema nicht fallenlassen, die Klinik ist ihr Lebensthema. Und es geht um kranke Menschen.

Öfter geht sie sonntags in die Klinikkapelle, aber auch da, wo sie ihre zentnerschwere Müdigkeit ablegen könnte, wird sie in ihrer Funktion gesehen und hat ihre Pflichten.

Doch interessiert sie sich seit ihrer frühesten Jugend für diesen Christus, der die Trennmauern zwischen den

Gesunden und den Kranken, den Krankenschwestern und den Ärzten niedergerissen hat. Sie möchte tief in die Gegenwart Gottes eintauchen, manchmal gelingt es. Dann kann sie wieder Dankbarkeit empfinden für ihre Aufgabe: Zum Leitungsgremium eines Hauses zu gehören, in dem geboren und gestorben wird, gelitten, gehofft und gezweifelt. Näher am Leben kann man nicht sein.

Manchmal ist ihr dieser Jesus ganz nahe, und er ist nicht nur barmherzig, sondern auch streng. Das hilft ihr, weil von ihr doch Strenge erwartet wird und Autorität. Wenn sie sich in der Kirche vergegenwärtigt, welchen Zwängen Jesus ausgesetzt war, kann sie die "Sachzwänge" und "Strukturen" ertragen, ohne daß ihr die Stimme zu zittern beginnt, was den Männern ja kaum passiert. Wenn sie sich "erledigt" fühlt, fällt ihr manchmal dieser Christus ein, der von keiner Macht der Welt "erledigt" werden konnte. Der selbst Opfer wurde, anstatt andere zu opfern. Der so mürbe war, daß er sein Kreuz nicht mehr tragen konnte.

Diesem Jesus traut sie alles zu. Sogar ihr eigenes, verarmtes, durch jahrzehntelange schwere Arbeit spröde gewordenes Ich nicht sterben, sondern auf ein Leben in Helligkeit und Liebe zuwachsen zu lassen; hindurch durch viele kleine Alltagstode hin zu einem Leben: unzerstörbar und heil.

* *
*

WONACH SICH NICHT NUR EINE DIAKONISSE SEHNT

Sie ist 98 Jahre alt und liegt, in Decken gehüllt, im Liegestuhl auf dem Balkon. Ganz offensichtlich genießt sie die Sonne und stellt fest: "Nun wird es Sommer." Im Wohnzimmer sitzen nur wenige Bewohnerinnen. Einige sind "ausgeflogen", freilich nicht allein. Andere werden auf dem Gang spazierengeführt, sie machen winzig kleine Schritte. Das Licht flutet durch die geöffnete Balkontür. Mag da draußen die geschäftige Welt toben, hier kann der Friede sich ausbreiten.

Früher hat man ja ganz schön mitgetobt. Aber nun leben diese zehn Diakonissen in der beschützenden Gruppe eines Feierabendheimes in Neuendettelsau. Sie alle haben viele Jahrzehnte lang ihre Kraft für die Menschen in der Diakonie aufgebracht. Wie geht man nun, am Lebensabend, in der Diakonie mit ihnen um? Was macht noch immer Freude, und was ist geblieben?

Der Winter ist gewichen, und sie haben ihn überstanden. Die Erwähnung des Sommers zaubert fast so etwas wie heitere Siegesstimmung auf ihre Gesichter. Allerdings, Schwester Lydia hat den Winter nicht überlebt. Hier, im großen Wohnzimmer, am langen Tisch, auf diesem Platz hat sie gesessen, klein, mit großen Augen in einem Gesicht, das jeden fröhlich stimmen mußte, der hineinsah. Da machte es auch nichts, daß sie zum Schluß, mit 86 Jahren, nur noch von ihren Verwandten erzählte, die sie aber miteinander verwechselte, was allerdings jedem Zuhörer sehr verständlich erschien. Denn alle drei waren Pfarrer. Schwester Lydias Bedürfnis, besucht zu werden, konnten sie nicht in vollem Umfang gerecht werden, weshalb Schwester Martha, die Stationsschwester, an mehreren Stellen vorstellig wurde: Ein

Mann müsse her, bei so vielen alten Schwestern im Feierabendhaus. Und dann war es wie ein Wunder, ein Student kam daher, "ich bin der Frank", hat er gesagt. Und er ging regelmäßig mit Schwester Lydia spazieren und hörte sich ein und dieselbe Geschichte an über die drei Pfarrer, die zu einer einzigen Person verschmolzen und in die Geschichten gerieten wie Mücken in den Bernstein.

Manchmal bekam der Student Frank auch Nüsse zu knacken. Die 86jährige wollte zum Beispiel von ihm wissen, wie das Grün in die Blätter käme, und, so erzählte er Schwester Martha, da habe er sein Schulwissen doch sehr zusammenkratzen müssen.

Als er eines Tages nach den Semesterferien wiederkam, war das Namensschild an Schwester Lydias Tür schon entfernt, sie war nicht mehr auf der Welt. Er war sehr bewegt, und Schwester Martha merkte: Nichts Einseitiges hatte hier stattgefunden, sondern Schwester Lydia zu erleben, hatte tief in sein Leben hineinreichen können.

Nun sitzt auf Schwester Lydias Platz im Wohnzimmer eine andere betagte Schwester, umgeben von neun anderen, jede hat mindestens 60 Dienstjahre hinter sich, jede hat sich irgendwann in ihrer Jugend ganz zur Verfügung gestellt. Wem? Dem Mutterhaus Neuendettelsau? Der Diakonie? Den Mitmenschen? Das alles auch. Aber in erster Linie eben doch dem, was sie "Dienst an Jesus Christus" genannt haben. Jetzt können sie selber nichts mehr genau benennen, aber das ist auch nicht mehr nötig, ihr Leben spricht für sich. Ihre Gesichter auch. Ihr Leben ist ablesbar aus den Erinnerungen der anderen, die sie erlebt haben, und aus den eigenen Erinnerungsbruchstücken. Die Zeit gerinnt in diesem Wohnzimmer.

Ach ja, sagt Schwester Dora, ich gieße jeden Tag 100 Gräber, und die Straße kehre ich auch. Das war vor über 80 Jahren. Sie hat in der elterlichen Gärtnerei viel mitarbeiten müssen, schon als Kind. Einmal hat sie ein Grab zu gießen vergessen, da hat ihr Vater sie geschlagen, und der Kunde hat gesagt, oder war es der Vater, wenn es ein zweites Mal vorkommt, kriegst du zweimal was. Manchmal bekam sie auch fünf Pfennig geschenkt, aber die hat der Vater gleich in eine Büchse getan.

Nun hat die 98jährige einen Kasten voller Ansichtskarten vor sich und blättert darin. Schwester Martha greift dabei gern die Ortsnamen auf: War da schon mal jemand, in Bad Kissingen? Ach ja, einige wissen, daß sie mal da waren, aber warum?

Schwester Ida war 36 Jahre lang Gemeindeschwester in einem Vorort von Nürnberg, mit ihrem Moped war sie Tag für Tag unterwegs, die verkörperte Nächstenliebe auf Rädern. Sie war sehr beliebt. Die Besitzerin eines großen Möbelhauses hat ihr noch Süßigkeiten und Wein zum Geburtstag schicken lassen, als sie längst schon im Feierabendheim war.

Schwester Idas hellblaue Augen leuchten auf, wenn ein Stichwort in die Brunnenstube ihres Unterbewußtseins fällt. Nicht wahr, Sie haben auch Dr. Antonie Nopitsch gepflegt, die Begründerin des Bayerischen Mütterdienstes? Ja, sagt sie aufleuchtend, was einem Zuhörer in diesem Moment mehr sagen kann als das gesamte Müttergenesungswerk. Dann versinkt Schwester Ida wieder in Zeitlosigkeit, in ein Leben hinter ihrem gegenwärtigen Leben. Aber ist dieses Leben denn weniger wahr? Vielleicht sogar wirklicher? Für Schwester Ida auf alle Fälle.

"Manchmal wird sie unruhig, will noch etwas tun", sagt Schwester Martha. Wer so lange gearbeitet hat wie diese bejahrten Frauen, hatte wenig Zeit, sich auf das Jetzt vorzubereiten, wo sie, die früher so viele Menschen beschützt haben, selber darauf angewiesen sind, umsorgt zu werden.

Zwei aktive Diakonissen arbeiten auf dieser Station und zwei "freie Mitarbeiterinnen". Schwester Martha, die Gruppenleiterin, hat das, was wir "Charisma" nennen. Sie hat auch Charme, und vor allem hat sie die Gabe, mit ihrem Sein und Wesen auf junge Menschen auszustrahlen. Sie verkörpert das, wonach sich jeder Mensch sehnt, "schmecket und sehet, wie freundlich der Herr ist", sie überzeugt durch Güte und Frömmigkeit, ganz echt, ganz schlicht, ohne auch nur einen Funken Selbstgerechtigkeit oder Effekthascherei.

Bei ihren Besuchen außerhalb ihrer Wirkungsstätte tritt sie kurz und sachlich auf, um niemanden unnötig lange zu beanspruchen, aber das Nötige zu sagen. Diese Art könnte leicht von weniger Rücksichtsvollen als Kühle ausgelegt werden, zumal Schwester Marthas strenger Mittelscheitel das seine zu diesem Eindruck beitragen kann.

Aber wer sie erlebt im Kreis derer, die ihr anvertraut sind, müßte schon sehr abgestumpft sein, um weder Achtung noch Rührung noch Dankbarkeit zu empfinden. Wenn sie hundertmal dasselbe gefragt wird, – auch beim 101. Mal ist ihre Antwort ruhig, wach und von schier unendlicher Geduld. Wenn sie lacht, springt aus ihren Augen etwas über, das andere mitreißt, ach ja, es ist schön zu leben, auch noch mit den Gebrechen des hohen Alters behaftet. Sie läßt den alten Schwestern nicht nur ihre Würde, sondern diese Würde scheint zu ihrer eigenen Menschenwürde in eine Wechselbeziehung zu treten.

Nicht etwa, daß sie zu allem ja und amen sagt. Als neulich alle schlecht geschlafen hatten und nicht gut gelaunt waren und das gesamte Mittagessen bekrittelt wurde, erst von einer, dann von allen, und die angeblich versalzene Suppe stehenblieb, sagte Schwester Martha: "Heute können wir kein Dankgebet sprechen, wenn wir undankbar und ungerecht waren." Unruhe. Ein Dankgebet sind alle gewohnt, das muß doch sein? "Nein, das ist nicht der Sinn", sagte Schwester Martha.

Eine "Lieblingsschwester" unter diesen Achtzig- bis Hundertjährigen hat Schwester Martha nicht. Als sie die Station übernahm, war sie der Schwierigsten am meisten zugetan, zumal sie die von früher kannte. Aber die anderen spürten es, und sie selber empfand es als nicht richtig. Die anderen brauchten sie genauso stark. Kaum hatte sie sich das überlegt, sagte diese sonst leicht aggressive Schwester, die vermutlich die Alzheimersche Krankheit hat: "Jetzt magst mich wohl nimmer?" Sie, die längst alles mögliche durcheinanderbringt, hatte die winzige Veränderung gespürt.

Wer auf dieser Station arbeitet, will, daß diese alten Frauen zufrieden und froh sein können. Sie sind stolz darauf, wenn die Schwestern blitzsauber gekleidet am langen Tisch sitzen und unter Anleitung ein Würfelspiel betreiben, auch wenn die Figuren nicht mehr von jeder Spielerin selber fortbewegt werden können. Zwischendurch gymnastische Sitzübungen. Wenn Schwester Dora in ihren alten Postkarten eine mit Wald findet, kann es spontan zum Gesang kommen, "Wer hat dich, du schöner Wald" oder auch "Nun ruhen alle Wälder". Genauso kann aber auch beim Anblick einer Karte aus Koblenz die "Wacht am Rhein" erschallen.

Zehn verschiedene Leben. Was haben diese Schwestern alles erlebt. Einige von ihnen sind um die Jahrhundertwende geboren, in größter Armut, die "Dienstbotenbücher" liegen noch bei den Akten, mit der Eintragung von der Frau Geheimrat oder vom Herrn Bürgermeister: "Sehr treu und fleißig", diese Worte sind oft dick unterstrichen. Wieviel haben sie alle arbeiten müssen, später als Diakonisse wurde es nicht weniger.

Schwester Babette trat ins Mutterhaus Neuendettelsau ein, weil sie als Patientin im Krankenhaus nach einer Operation von einer Diakonisse gepflegt wurde und dann wußte: So will ich auch arbeiten. Mit 31 Jahren war sie leitende OP-Schwester, ein Vierteljahrhundert lang, in einer Großstadt. Die Soldaten, der Krieg, der Hunger, die Bomben – das alles lebt noch in der Erinnerung auf. Sie war gern in dieser Klinik und ist noch heute dort unvergessen. Aber als sie vor über einem halben Jahrhundert von der Mutterhausleitung in die Krankenpflegeschule geschickt wurde, schrie ihre damalige Oberschwester in einem Behindertenheim zetermordio und schrieb an ihr Mutterhaus, wenn auch "mit ehrerbietigen Grüßen", einen geharnischten Brief: "Sie hat hier ihre Pflegebefohlenen gut versorgt. Ihre Freude war immer das Kochen. Es ist gar nicht so leicht, für 200 Kinder jeden Tag!" Aber der Weg führte in die Krankenpflege, unaufhaltsam. Eigensinn war ihr offenbar fremd.

Einer anderen Schwester am Tisch war er weniger fremd, zumindest im Alter. Als sie, auf ihrer letzten Station, nach 28jähriger Tätigkeit als Gemeindeschwester in Unterfranken, das Bundesverdienstkreuz bekommen sollte, war sie bereits im "Feierabend". Der Bürgermeister schrieb an das Mutterhaus, wie schön es doch wäre, wenn diese Schwester zur Verleihung käme, man würde sie auch gerne abholen, sie sei ja so sehr von den Bürgern beider Konfessionen verehrt worden, und man habe ja auch längst eine Straße nach ihr benannt, aber nun sei man ihr eben immer noch dankbar und wolle ihr das Bundesverdienstkreuz persönlich überreichen.

Das Mutterhaus reagierte zurückhaltend. Schließlich soll jede Schwester ihr Bestes tun, um Christi und nicht um eines Ordens willen. Die damalige Oberin schrieb also unter anderem auch sehr realistisch: "Sie war schwer krank, so daß wir schon fürchteten, sie würde aus dem Krankenhaus nicht mehr in ihr Feierabend-Haus zurückkehren können..." Man möge doch andere Mittel und Wege finden... Hier aber hatte die Oberin die Rechnung ohne die bereits über 80jährige Schwester gemacht: Diese bekam neuen Auftrieb, nahm begeistert an der Feier teil und wurde samt Orden mit dem Auto nach einigen Tagen in ihr Heim zurückgebracht.

Wenn die Erinnerungen an gute und schlechte Zeiten aufflackern, überläßt Schwester Martha nichts dem Zufall. Sie kombiniert ihr Einfühlungsvermögen mit geschickter Gesprächsführung. Sie weiß, daß tief innen in der Persönlichkeit noch sehr viel lebt und wirkt, das nur scheinbar versiegt ist. Alles, was erlebt wurde, hat uns vorgeprägt, zu unserem Daseinsverständnis beigetragen. Nur einfühlsame Menschen können in diese tiefe Schicht hineinreichen und dadurch Beistand leisten. Ohne Ruhe, innerlich wie äußerlich, geht das nicht.

So eine Station muß laufen wie ein Wagen auf Gummirädern, nicht wie ein Karren mit eisenbeschlagenen Holzrädern. Wer nicht sensibel genug ist oder sich selber nicht zurücknehmen kann, mag noch so tüchtig sein, er kann mit den Grunderfahrungen alter Menschen nicht umgehen und gehört nicht zu Menschen, die auf aktives Zuhören angewiesen sind. Denn nur aktives Zuhören erlaubt es, das Ungehörte zu hören und in Werte zu verwandeln.

Alte oder kranke Menschen können ihres Wertes beraubt werden, wenn die Bilder oder Geschichten, die aus ihrer Seele aufsteigen, nicht beachtet werden. Und Schwester Martha hat die Gabe, die Lebensgeschichte ihrer Schwestern zu hören, auch wenn sie noch so bruchstückhaft erinnert wird. Sie können keine Reisen mehr unternehmen, nur selten noch ein Stückchen spazierengefahren werden. Je mehr aber der Anteil an der Welt zurückgewichen ist, desto mehr kommt es auf den inneren Anteil an, der durch aktives Zuhören erlebbar wird.

Alle zehn haben viel auswendig gelernt. Ob Lied oder Bibelwort, es ist in der Erinnerung abrufbar, auch bei der Übertragung der Gottesdienste per Lausprecher ins gemeinsame Wohnzimmer. Da sitzen sie, mit feinen, weißen Gesichtern und Händen, und hören zu. "Bittet, so wird euch gegeben, suchet, so werdet ihr finden, klopfet an, so wird euch aufgetan." Bald wird ihnen aufgetan. Aber vorher können sie in einer Umgebung leben, wo sie sein dürfen, wie sie jetzt sind. Wo der Glaube ein Echo findet, der frühere, den sie schon als Kind hatten, und der spätere, als sie schon so fleißig und tüchtig waren, und der jetzige, der ganz still in ihnen wohnt. Gott hat diese Schwestern damals in ihrer Jugend nicht weniger gerufen und gefunden als heute.

* *
*

LANDEPLATZ PIZZERIA

Den Tisch in der Pizzeria darf sie selber aussuchen. Sie will sich nicht in einer stillen Ecke verkriechen, sondern nimmt im vorderen Teil des Lokales Platz, wo viel los ist: ein Tisch, voll besetzt mit kichernden Jugendlichen, und durch die Glasscheibe sieht sie die Laufkundschaft. Das sind Leute, die Geld auf den Tisch legen und dafür Waffeltüten, grellbunt gefüllt, in Empfang nehmen. Da wird schon mal jemand hereinschauen durch die Glastüre und sie hier sitzen sehen! Wo sie doch mit zwei erwachsenen Begleiterinnen hier ißt, nicht im Heim. Schwester Inge ißt auch mit. Von ihr wird sie nachher zurückgebracht, in die Wohngruppe des Christophorus-Heimes.

Dann ist da noch die fremde Frau, mit der die ganze Pizza-Geschichte irgendwie zusammenhängt. Da zeigt sie sich am besten mal von ihrer schönsten Seite. Wie schnell sie ihr riesiggroßes Glas Spezi austrinken kann! Ist das nichts? Und wie prima sie mit Messer und Gabel die Zwiebelringe vom Salat trennen kann!

Neben ihr am Tisch sitzen zwei Italiener, die reden sehr schnell und laut, darüber muß sie lachen, auch laut. Leider ist nun ihre Gabel heruntergefallen und die anderen schauen her. Schwester Inge sagt "das macht nichts, Heidi" (Name geändert), "da gehst du jetzt und bittest um eine andere Gabel." Ja, das kann sie. Wenn sie jetzt nur nicht so viel gefragt würde von Schester Inge. Das Antworten ist mühsam, Sprechen ist anstrengend. Aber die fremde Frau sagt, daß sie auch Hunger hat, und schaut nur ab und zu mal rüber.

Nun fragt Schwester Inge nur noch ab und zu: "Heidi, darf ich dich jetzt etwas fragen?" Da muß sie wieder laut lachen und sagt meistens: "Nein."

Wie alt sie ist? Na ja, achtzehn, sagt sie mal so auf gut Glück. Aber das stimmt nicht. Schwester Inge sagt, sie würde schon 21. Auch recht. Was sie mal werden will, fragt nun die fremde Frau. Sie will in die Werkstatt oder jeden Tag wie der Gerhard mit dem Zug zur Arbeit fahren. Nämlich, der Gerhard darf ganz allein morgens in die Nachbarstadt fahren, wo er ein Praktikum macht, in einer Klavierfabrik, die aber auch Flöten, Trommeln, Trompeten und sonstwas verkauft. Nämlich, der Gerhard ist fast ein Genie. Er besitzt eine Heimorgel und spielt manchmal, bei Festen, vor dem staunenden Publikum. Er spielt auch zahlreiche andere Instrumente; nicht nur die Flöte, wie sie. Und als nun Schwester Inge sagt "der Gerhard hat das Praktikum machen dürfen, weil er so musikalisch ist", sagt Heidi schnell: "Orgel spiel' ich auch."

Das beeindruckt die fremde Frau sehr. Und das ist auch gut so, denn gestern hat sie mit Heidi an einer Logopädie-Stunde bei Schwester Helene teilgenommen, und Heidi hat sich nicht gerade als As hervortun können. Obwohl Quartettspielen an sich ganz lustig ist. Aber da soll sie der Schwester Helene immer sagen, was sie auf den Karten sieht. "Der Bub spielt Trommel." Hat jemand das 'R' von der Trommel gehört? Schwester Helene sagt, die Buchstaben mögen es gar nicht, wenn man sie wegläßt. Und sie, Heidi, mag es jedenfalls gar nicht, wenn dieser Bub dauernd etwas mit 'R' spielt, Gitarre zum Beispiel, und dann fährt er, auf der nächsten Quartettkarte, auch noch Rad und schlägt den Reifen. Und dann wird man so müde und rät einfach, und der Matrose spielt Monika statt Harmonika, basta. Wenn es ihr reicht, setzt sie ihr "Nahkampfgesicht" auf, so hat das ein Mitarbeiter mal genannt. "Sie zieht den Kopf zwischen die Schultern und sieht aus wie ein kleiner, lauernder, kampfbereiter Wolf." Neulich hat sie wieder

Scheiben zertrümmert. Das arbeitet sie vom Taschengeld ab, im Ferieneinsatz, in der Waschküche des Heimes. In letzter Zeit steht sie zu ihren Taten. Aber alle wissen, daß sie ein "Biest" war und auch die sanftesten Erzieher zur Verzweiflung gebracht hat. Süßigkeiten stehlen in den Geschäften? Bei Wutausbrüchen die Telefonleitung aus der Wand reißen? Eine Erzieherin tätlich angreifen? Das war alles möglich, weil sie immer in so große Wut geraten ist. Ob die fremde Frau das alles weiß?

Nun sagt Schwester Inge, daß nur selten Rückschläge erfolgen. Neulich hat Heidi zwar wieder zitternd vor Wut vor der Sprechanlage der Wohngruppe gestanden und wollte das Kabel herausreißen, aber ihre schon ausgestreckte Hand hat nicht zugefaßt, sie hat sich beherrschen können. Sie kann nun ihre Wut durch Worte äußern. Die Fetzen fliegen nicht mehr not-wendigerweise.

Auch zeigen die Logopädie-Stunden Erfolg. Heidi bemüht sich, besser zu artikulieren. Sie verwendet einfache, geübte Satzmuster. Als sie vor zehn Jahren ins Heim kam, hatte sie ihre eigene Sprache. "I No ni ka pu – i Tatu ni ho" hieß: "Ich kann die Nase nicht putzen, ich habe kein Taschentuch." Damals hat sie auch in einer Ecke stundenlang vor sich hingejammert und Schaukelbewegungen gemacht.

So eine Pizza ist eine prima Sache. Aber nun merkt Heidi, daß sie schon wieder so undeutlich redet. "Multiples Stammeln" nennen sie's.

Ob sie eine Freundin hat, fragt die Fremde. Also, die Gerda jedenfalls nicht. Die Karin auch nicht. Die Ingrid auch nicht, obwohl die ihr gefällt. Nämlich, die hat ein Zimmer für sich allein und macht alles kaputt, muß ununterbrochen beaufsichtigt werden. Eigentlich gehört Ingrid nicht ins Heilerziehungsheim. Aber Schwester Inge hat gesagt, wenn sie von der Gruppe nicht angenommen oder wenigstens geduldet würde, müßte sie weg, in eine geschlossene Einrichtung. Da haben sich alle zehn in der Wohngruppe mit ihr abgefunden.

Heidi weiß noch genau, wie gefürchtet sie selber war. Aber dann wurde sie in der Sonderschule immer besser und die Bemühungen der Erzieher in den Wohngruppen trugen Früchte: sie bekam mehr Anerkennung, kann auch, wie im Zeugnis steht, "sauber den Bruststil schwimmen. Sie hat im Werken den sachgerechten Umgang mit einigen Werkzeugen gelernt, in der Handarbeit ein Einkaufsnetz gewebt und gehäkelt. Im Bügelkurs ist sie die beste und kann auch schwierige Wäschestücke ordentlich bügeln. In der Hauswirtschaft wurde in diesem Jahr vor allem Gemüse verarbeitet. Sie kennt die wichtigsten Sorten und kann sie sachgerecht zubereiten. Im zweiwöchigen Betriebspraktikum hat sie in der Montage fleißig und zuverlässig mitgearbeitet. Sie wurde von ihrem Meister gelobt." Jawohl, so steht es im Zeugnis der Werkstufe des 11. Schuljahres der Sonderschule. Werkstufe heißt, die Praxis hat Übergewicht, und an einem Tag der Woche "ist Werkstatt". Schwester Inge sagt, daß Heidi eigentlich schon seit einem Jahr ganz in die Behindertenwerkstatt gehen könnte, aber da wären noch "Lernreserven", die eine Verlängerung des Schulbesuchs rechtfertigten. Bald folgt dann als Übergang ein "Arbeitstraining", danach wird Heidi immer werktags zur Arbeit in die Werkstatt gehen. In ihrer Wohngruppe zählt sie dann zu den "Erwachsenen", ist kein "Schulkind" mehr.

Gleich wird die fremde Frau Heidi nach ihrer Mutter fragen, das fragen doch alle. Da wird Heidi einfach sagen: "Meine Mutter ist im Krankenhaus." Das sagt sie, seit sie überhaupt etwas sagen kann. Aber neuerdings setzt sie noch leise hinzu: "Ich weiß ja nicht..." Dem Heim ist bekannt, wo Heidis Mutter lebt. Das Heim hat auch vom Vormundschaftsgericht erfahren, wo der alkoholkranke Vater wohnt und daß es neun Geschwister gibt, die fast alle behindert sind und in Heimen oder Pflegefamilien leben. Sie mußten alle gerichtlich von den Eltern getrennt werden, für immer. Das Martyrium, dem Heidi "zu Hause" ausgesetzt war, vermutlich schon im Mutterleib, ist nur zu ahnen. Heidi kam als Einjährige mit einer Hirnschädigung und stark verhaltensgestört in ein Kinderheim. Bei der Gerichtsverhandlung waren weder die Mutter noch der Vater anwesend.

Als Elfjährige kam sie dann hierher. Einige Patenschaften-Versuche sind gescheitert. Niemand kommt "nur zu ihr" zu Besuch. Aber eine ihrer früheren Erzieherinnen holt sie manchmal ab und nimmt sie mit dem Auto mit in die Stadt, in der sie jetzt arbeitet. "Ich fahre heim", sagt Heidi dann zu den anderen.

Da sie katholisch ist, blieb sie es auch im evangelischen Heim. Gemeinsam mit den vielen "normalen" Kindern wurde das Fest ihrer Firmung vorbereitet, aber wer sollte eingeladen werden? Das Amt gab dem Heim die Adressen von zwei Pflegefamilien ihrer Geschwister, die dann auch alle kamen. Dann sind sie wieder abgefahren. Darüber redet Heidi nicht, noch nicht mal stammelnd.

Aber als nun die fremde Frau ihr ein Spielzeug schenkt, ALF, den Außerirdischen, stößt sie einen Freudenschrei aus. Sie freut sich mit Händen und Füßen. So verpönt ALF auch bei manchen Erwachsenen ist, Heidi hat längst verstanden, daß sie und er etwas Gemeinsames haben. Sie sind auf dieser Erde außergewöhnlich und verhältnismäßig allein. Heidi vergißt ihre Mahlzeit und die Eiskäufer hinter der Glasscheibe und die lebhaften Italiener am Nebentisch samt der Diakonisse Inge und der fremden Dame. Daß man sich so freuen kann! Die Menschen im Lokal schauen anders als bisher, erstaunt, dann erheitert, mitgerissen, auch nachdenklich, als hätten sie soeben ihre Sinnlücke entdeckt. Als wäre hochdramatisch ein Stück Sonne vom Himmel direkt in dieses Lokal gefallen. Heidi redet leise und laut zu ALF. So wie eine Mutter, aber nicht ihre, reden kann. "Bleib doch da. Du guter Alf. Gehst du morgen mit in die Schule? Ich steck dich in die Tasche und nehm dich mit." Der Außerirdische wird befragt, ob er radfahren könne, ob er mit ins Schullandheim käme, aber zwischendurch ist Heidi, mit veränderter Stimme, ALF selber, "Null Problemo". ALF wird gestreichelt, auch seine Riesenohren und sein Haarschopf. Er hat einen neuen Landeplatz gefunden. Als Dolmetscher winkt ihm eine Lebensaufgabe. Heidi teilt uns im Lokal ihre Gedanken durch ALF mit. ALF ist nämlich jetzt müde und will heim (allerdings wird er dort noch auf mehreren Wohngruppen seine geglückte Landung bekanntgeben.)

Die fremde Frau bezahlt und tut, was so ziemlich alle machen: sie geht ihrer Wege. Vorher reicht sie Heidi von der Garderobe einen völlig fremden Anorak, Heidi hat es sofort bemerkt und ist mit dem Vorfall sehr zufrieden. So schlau sind die anderen auch nicht. Auch wenn ihr diese Frau die japanische Digitaluhr auf die richtige Uhrzeit einstellen konnte. Sie ist ganz brauchbar. Darum drückt ihr Heidi auch kräftig die Hand. Um eine Wiederholung des Abends bittet sie nicht.

"Ja", sagt Schwester Inge, die Heilpädagogin, "Heidi hat sozial viel gelernt. Sie kann Distanz zu fremden Menschen halten. Sie hilft seit einiger Zeit den Schwächeren in der Gruppe. Wenn sie merkt, daß sie gebraucht oder erwartet wird, freut sie sich mit dem ganzen Körper, mit Leib und Seele, mit Händen und Füßen."

Heidi hat gelernt, von sich selber wegzukommen. Mancher, behindert oder nicht, lernt das sein Leben lang nie.

Inhalt:

Vorwort	6
Herr Siegfried liebt den Zirkus und die Tiere	9
Mädchen mit eigener Welt	16
Eine Kinderkrankenschwester erzählt	22
Henry ist Pfleger	30
Es ist soviel in ihnen angelegt	37
Einer muß ja da sein	41
Altersheim: Zeit ohne Zeit	47
Freiheit in dem Jammertal	54
Näher am Leben kann man nicht sein	61
Wonach sich nicht nur eine Diakonisse sehnt	65
Landeplatz Pizzeria	73